Bettina Hansen

# KRAWATTENKNOTEN

## IMMER SCHÖN GEBUNDEN: FLIEGE, SCHLIPS UND SCHAL



südwest

# INHALT

**Vorwort** ..... 4

**Rund um die Krawatte** ..... 6

Die Geschichte der Krawatte ..... 8

Hochwertige Krawatten ..... 12

Krawatten richtig binden ..... 14

Krawatten pflegen ..... 16

**Knoten für Lang- und Querbinder** ..... 18

Der Schlanke Four-in-hand ..... 20

Der Kompakte Four-in-Hand ..... 24

Der Einfache Windsor-Knoten ..... 28

Der Doppelte Windsor-Knoten ..... 32

Der Klassische American ..... 36

Der Free American ..... 40

Der Kreuzknoten ..... 44

Der Plastronknoten ..... 48

Die Einfache Schleife ..... 52

Die Klassische Schleife ........................ 56

Der Ascot Tie ........................................ 60

Der Falsche Krawattenknoten .............. 64

Knoten für Schals ................................ 68

**Der Style-Guide für ihn** ..................... 72

Der gute Eindruck ............................... 74

Was Mann wann trägt .......................... 76

Abc der Herrengarderobe .................... 86

**Der kleine Knigge für ihn** ................. 98

Begrüßung & Kommunikation ............ 100

Rund ums Essen ............................... 106

Kleiner Job-Knigge ............................ 110

Impressum, Bildnachweis .................. 114

Register ............................................ 115

# VORWORT

*Krawattenknoten ist nicht gleich Krawattenknoten. Es gibt viele Methoden, eine Krawatte zu binden.*

*Eine Krawatte ist mehr als nur ein buntes Stück Stoff, das »irgendwie« um den Hals gebunden wird.*

**Mit Krawatten Akzente setzen**

Studien haben ergeben, dass die Krawatte einiges über den Träger aussagt. Ob man nun wirklich von der Krawatte auf Charakter, Fähigkeiten und Launen eines Mannes schließen kann, sei dahingestellt. Tatsache ist jedoch, dass man sich mittels Stoffdessin und -farbe sowie dem Krawattenknoten dem Tagesablauf und bestimmten Anlässen sehr genau anpassen und damit Zeichen setzen kann. Außerdem ist die Krawatte das Stilelement, mit dem der elegant gekleidete Herr seiner Garderobe zu etwas mehr Farbe verhelfen kann.

*»Eine gut gebundene Krawatte ist der erste ernsthafte Schritt ins Leben.« Oscar Wilde in »The Importance of Being Ernest«.*

**Vom Dresscode zum Casual Friday**

In vielen deutschen Unternehmen sind Dresscodes üblich. Auch wenn nicht explizit vorgeschrieben ist, was die Mitarbeiter zu tragen haben, wird doch erwartet, dass sie sich an gewisse Kleiderordnungen halten. Eine Lockerung dieser Vorschriften ist der so genannte Casual Friday, eine Sitte aus Amerika, in der Firma am Freitag den Anzug mit Freizeitkleidung zu vertauschen. Der »lässige Freitag« – ein Kind der New Economy – wurde von vielen Firmen eingeführt. Seit dem Niedergang vieler Start-up-Unternehmen geht der Trend wieder in die andere Richtung. In den Konzernen ziehen strengere Sitten ein, man greift wieder zur Krawatte, sei es, um sich von der New Economy zu distanzieren, um seriöser zu wirken oder um sich und die Mitarbeiter vor größeren Geschmacksverirrungen zu schützen.

*Wo fängt »casual« an, wo hört es auf? Wann welches Outfit angesagt ist, und wie Sie sich auf jedem gesellschaftlichen Parkett sicher bewegen, erfahren Sie in diesem Buch.*

**Zur Handhabung des Buches**

Das A und O beim Binden einer Krawatte ist die Technik. Um diese verständlich zu machen, ist es besser, die einzelnen Schritte so zu zeigen, als ob Sie den Knoten bei jemand anderem machen. Die Zeichnungen in diesem Buch zeigen daher die einzelnen Bindungen jeweils von vorne, und die Anleitung beschreibt das entsprechende Vorgehen.

# RUND UM DIE KRAWATTE

*Die Krawatte ist das wandlungsfähigste Accessoire der Herrengarderobe und hat eine lange Geschichte. Sie ist heute kein »Muss« mehr, sondern ein markanter Beitrag zur männlichen Persönlichkeit und Individualität.*

# DIE GESCHICHTE DER KRAWATTE

*Wie viele andere Kleidungsstücke und Accessoires hat die Krawatte militärische Ursprünge. Sie entwickelte sich im Laufe der Zeit zum unverzichtbaren Element männlicher Eleganz.*

### Erste historische Dokumente

*Vom ersten Halstuch zur modernen Krawatte war es noch ein weiter Weg.*

Bereits in der Antike bedeckten Männer ihren Hals mit einem Tuch. Die erste bekannte Darstellung eines geknoteten Halstuchs findet man bei den berühmten 7500 Tonsoldaten im Grab des ersten Kaisers von China, Shih Huang Ti, die im 3. Jahrhundert v. Chr. entstanden sind. Etwa um die gleiche Zeit trugen auch römische Soldaten einen gebundenen Schal um den Hals, den »focale«. In beiden Fällen diente das Halstuch zum Schutz vor Kälte und als Polsterung gegen den Druck der Rüstung auf Schulter und Schlüsselbein. In den nachfolgenden Jahrhunderten kamen Schals und Halstücher aus der Mode, und die

Männer trugen ihren Hals in der Regel unbedeckt. In der Renaissance schmückte man sich mit aufwändigen Krägen, deren Wert beträchtlich sein konnte. Die Geschichte des modernen Binders beginnt im 17. Jahrhundert.

*Ludwig XIV. hatte einen eigenen »Cravatier«, der ihm jeden Tag eine Krawattenauswahl präsentieren musste.*

**Von der Cravate zur Krawatte**

Der Name Krawatte ist ein klarer Verweis auf die Erfinder des Binders. Der Begriff stammt nämlich vom Wort Kroate ab. Als Namensgeber gilt ein kroatisches Reiterregiment, das während des Dreißigjährigen Krieges (1618–1648) für Frankreich kämpfte. Diese Soldaten vielen bei einer Parade mit einem um den Hals gebundenen Tuch auf, das vermutlich zum Schutz vor der Witterung getragen wurde.

Die »Cravate« wurde vorne am Hals angelegt, die Enden hinten am Hals gekreuzt, wieder nach vorne geführt und verknotet. Diese Halsbinden wurden vom französischen Adel begeistert übernommen. Und von Frankreich breitete sich die neue Mode anschließend über ganz Europa aus und wurde bis zur Mitte des 17. Jahrhunderts zum festen Bestandteil der Herrenmode.

In den nachfolgenden Jahrhunderten erfuhr die Krawatte diverse Veränderungen. Von den Halstüchern aus feinster venezianischer oder flandrischer Spitze über gestärkte und kunstvoll gefaltete Halstücher bis zum Stehkragen mit Halsbinde – 200 Jahre lang war die Krawatte ein rechteckiges oder dreieckiges Tuch. Erst mit dem Auftauchen des Klappkragens in der zweiten Hälfte des 19. Jahrhunderts entwickelten sich die Lang- und Querbinder, die unter den Krägen nicht so dick auftrugen (z. B. die englischen Schul- und Clubkrawatten, um 1880).

**Die moderne Krawatte**

Die in der heutigen Form bekannte Krawatte wurde 1924 von dem New Yorker Krawattenhersteller Jesse Langsdorf entwickelt. Sie wurde und wird aus drei im schrägen Stoffverlauf zugeschnittenen Teilen gefertigt. Dies bewirkt, dass die Krawatte auch nach häufigem Binden die Form behält. In der Regel ist die Krawatte etwa 145 Zentimeter lang. Die Breite variierte, je nach Mode, von schmal mit stumpfem Ende bis zu 15 Zentimeter Breite.

**Tipp**

*Der richtige Schlips hebt den Gesamteindruck, ein falscher kann ihn gründlich ruinieren.*

*Ein ganz neuer Krawattentyp ist die Tom-Swopper-Krawatte (auch kurz swopTie® genannt), die sich mit wenigen Handgriffen in einen Krawattenschal verwandeln lässt.*

Anfang des 20. Jahrhunderts kamen erstmals Krawatten mit Streifen-, Punkte- oder Paisleymustern auf. Oft benutzte man diese Binder als Zeichen der Zugehörigkeit zu einem Club oder einer Schule. Erkennungszeichen waren für Eingeweihte die typischen Schrägstreifen oder Embleme. Seitdem hat die Krawatte bezüglich Stoffwahl und Muster viele Veränderungen durchlebt. Heute dominieren gewebte oder gedruckte Dessins in verschiedenen Farbschattierungen auf Seide, Baumwolle oder Viskosemischungen das Modebild. Die Farben orientieren sich dabei jeweils an der aktuellen Männermode.

# HOCHWERTIGE KRAWATTEN

*Machen Sie keine Zugeständnisse bei der Auswahl einer Krawatte. Denn es lohnt sich!*

**Qualität ist alles**

Ob eine Krawatte hochwertig ist, erkennt man erst, wenn man sie genauer betrachtet. Nehmen Sie daher die Krawatte vor dem Kauf in die Hand, und fühlen Sie ihre Be-

*Das bevorzugte Material für feine Krawatten ist Seide. Es gibt aber auch Krawatten aus anderen Naturmaterialien wie Wolle, Kaschmir oder Seiden-Mischgewebe.*

schaffenheit. Wie fühlt sie sich an? Ist der Stoff rau und steif oder glatt und geschmeidig? Überprüfen Sie dann den Fall der Krawatte. Halten Sie sie hierzu am schmalen Ende fest. Fällt sie gerade herab, ohne sich zu verdrehen, ist der Zuschnitt perfekt. Die Krawatte darf sich später im Knotenbereich nicht dehnen. Überprüfen Sie dieses durch leichtes Ziehen in die Länge. Eine hochwertige Krawatte ist stets aus drei Teilen geschnitten. Für viele Träger muss eine Krawatte aus Seide gefertigt sein. Auch wenn das Label auf der Rückseite 100 Prozent Silk (Seide) oder Reine Seide zeigt, so heißt das noch lange nicht, dass die gesamte Krawatte aus Seide gefertigt wurde. Meist besteht die Einlage, die der Krawatte das richtige Volumen gibt und auch den Knoten entsprechend beeinflusst, aus Baumwolle. Die beiden Endstücke einer guten Krawatte sind mit einem qualitativ passenden Futter versehen; bei industriell gefertigten ist dies meist ein unifarbener Futterstoff. Renommierte Hersteller bevorzugen als Futter den gleichen Stoff, aus dem die Krawatte genäht wird.

*Auch die kleine Schlaufe, in die das kurze Ende der Krawatte nach dem Binden eingesteckt wird, ist bei hochwertigen Krawatten aus Seide.*

# KRAWATTEN RICHTIG BINDEN

*Egal, für welchen Krawattenknoten Sie sich entscheiden, er sollte immer mit Sorgfalt gebunden werden.*

**Zehn Regeln für das Binden einer Krawatte**

① Die erste Bindung stets gut festhalten, denn sie bildet das Grundgerüst des Knotens.

② Die weiteren Bindungen eher locker ausführen und erst am Ende festziehen.

③ Das breite Krawattenende immer langsam und gleichmäßig oder schrittweise durch die Schlinge stecken; nie in einem Zug durchreißen.

④ Den Knoten nach dem Binden mit Gefühl in Form bringen und nicht zu fest anziehen.

⑤ Beim Zuziehen des Knotens das schmale Ende halten und den Knoten gefühlvoll nach oben schieben.

⑥ Bevor man den Knoten völlig zuzieht, den Knopf des Hemdkragens schließen.

**Tipp**

*Vor dem endgültigen Zuziehen kann man unterhalb des Knotens eine kleine Falte eindrücken.*

⑦ Bei der fertig gebundenen Krawatte darf das schmale Ende nicht länger herabhängen als das breite. Ideal ist es, wenn beide Enden gleich lang sind und bis zur Gürtelschließe reichen.
⑧ Das schmale Ende wird nach dem Binden des Knotens stets durch die kleine Schlaufe auf der Rückseite des breiten Endes geführt.
⑨ Der Knoten sitzt richtig, wenn er den Kragensteg völlig abdeckt.
⑩ Vermeiden Sie zu viele Probebindungen mit einer edlen Krawatte. Wenn Sie einen neuen Knoten ausprobieren wollen, sollten Sie ihn mit einer alten Krawatte einüben.

*Ein unförmiger, schlecht gebundener Krawattenknoten ist peinlich, ein perfekter zeigt dagegen Stil und Eleganz.*

# KRAWATTEN PFLEGEN

*Auch Krawatten brauchen Pflege. Denn eine gute Krawatte besteht aus feinstem Stoff und hat ein empfindliches »Innenleben«, das sich bei unsensibler Behandlung verdrehen kann.*

**Tipp**
*Krawatten nie bügeln! Sie wirken dann wie plattgepresst und verlieren ihre Form.*

**Flecken**
Die wirkungsvollste Methode, eine Krawatte lange schön zu erhalten: Vermeiden Sie Verschmutzungen. Schützen Sie beim Essen den Binder, so gut es geht, mit der Serviette. Verfallen Sie aber nicht auf die Unart, die Serviette über der Krawatte in den Hemdkragen zu stopfen. Auch die Krawatte über die Schulter zu werfen oder ins Hemd zu stecken, gilt nicht unbedingt als fein. Wenn Sie eine ausgeprägte Neigung zum Kleckern haben, empfiehlt sich das Tragen von Querbindern. Eine Fliege bietet deutlich weniger Angriffsfläche für Flecken.
Sollte dennoch einmal ein Malheur passieren, muss der Fleck sehr vorsichtig entfernt werden, denn keine

Krawatte verträgt es, häufig gereinigt zu werden. Betupfen Sie die betreffende Stelle mit einem Fleckenmittel. Überprüfen Sie jedoch zuvor die Farbechtheit des Stoffes an einer nicht sichtbaren Stelle.

*Wer viel unterwegs ist, verstaut seine Krawatten am besten in einem speziellen Krawattenetui.*

**Ablegen und Aufbewahren**

Kenner wissen, dass Krawatten durch das Binden sehr beansprucht werden. Gehen Sie aber auch beim Ablegen gefühlvoll mit dem Binder um. Reißen Sie die Halsschlinge niemals einfach gewaltsam zur Seite, um sich der Krawatte möglichst schnell zu entledigen. Ebenso falsch ist es, die Krawatte nur etwas zu lockern, in gebundenem Zustand über den Kopf zu ziehen und dann über eine Stuhllehne oder den Bettpfosten zu hängen, bis sie wieder zum Einsatz kommt. Diese Art der Aufbewahrung strapaziert das Innenleben allzu sehr. Öffnen Sie lieber den Knoten behutsam, und hängen Sie die Krawatte dann frei auf. Sie können sie auch vom schmalen Ende aus über der Handfläche einrollen. Wenn Sie die Krawatte so aufbewahren, kann sie sich bestens »regenerieren«.

# KNOTEN FÜR LANG- UND QUERBINDER

*Neben der Farbe und dem Motiv der Krawatte ist die Auswahl des Krawattenknotens eine Möglichkeit, Akzente zu setzen. Zusätzlich finden Sie in diesem Kapitel Bindetechniken für Halstücher und Schals.*

# DER SCHLANKE FOUR-IN-HAND

*Der »Vierhandknoten« ist nicht nur vielseitig, sondern auch für Anfänger leicht zu binden.*

**Steckbrief**

- **Leicht asymmetrisch zu den Kragenspitzen**
- **Eignet sich auch für kürzere oder sehr breite Krawatten**
- **Nicht geeignet für den Haifischkragen**

**Tipp**
*Schmale, längliche Knoten wie der »Schlanke Four-in-hand« strecken die Halspartie.*

Diesen Krawattenknoten kennt und kann fast jeder. Er eignet sich für fast alle Krawatten und Kragen. Durch seine leichte Asymmetrie passt der Four-in-hand auch gut zu sportlicher und legerer Kleidung. Mit einer sehr dicken Krawatte wird dieser Knoten dem »Windsor-Knoten« sehr ähnlich. Man sagt, der Herzog von Windsor habe in Wirklichkeit keinen »Windsor«, sondern einen »Four-in-hand« getragen, gebunden aus einer Krawatte mit einem besonders dicken Futter (zum »Windsor-Knoten« siehe Seite 28ff.).

*Dieser Knoten ist vielseitig und unkompliziert.*

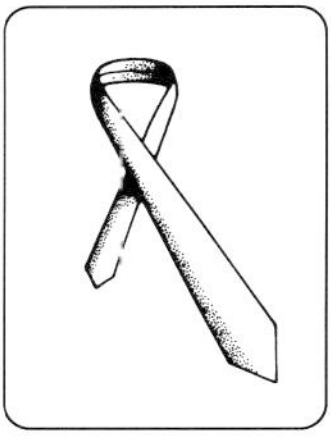

❶ Die Krawatte so um den Hals legen, dass die Naht auf dem Körper liegt. Das schmale Krawattenende halten und das breite Ende von links nach rechts über das schmale legen.

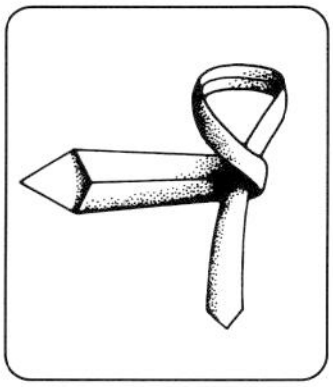

❷ Das breite Krawattenende nach hinten um das schmale zur linken Seite herumführen. Diese Bindung gut festhalten.

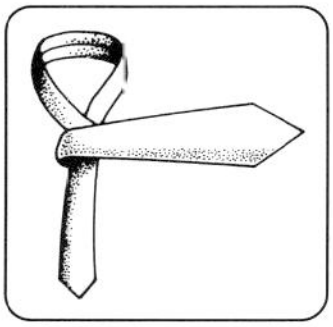

❸ Jetzt das breite Ende weiter über das schmale nach rechts legen.

❹ Das breite Ende von unten nach oben durch die Halsschlinge und nach vorne über den halben Knoten führen.

*Der »Schlanke Four-in-hand« ist ein Knoten, mit dem man im Business eine gute Figur macht.*

❺ Danach das breite Ende fassen, von oben aus in die entstandene Schlaufe der letzten Bindung stecken und nach unten durchziehen.

❻ Um die Bindung in Form zu bringen, das schmale Ende festhalten und den Knoten vorsichtig zum Hemdkragen hin schieben.

# DER KOMPAKTE FOUR-IN-HAND

*In leichter Abwandlung zur schlanken Version des »Four-in-hand« entsteht ein etwas fülligerer Knoten.*

**Tipp**
*Die letzte Bindung kann oberhalb des Knotens sichtbar bleiben.*

**Steckbrief**

- **Doppelter Knoten**
- **Leicht asymmetrisch zu den Kragenspitzen**
- **Für längere, nicht zu breite Krawatten geeignet**
- **Passt zu allen Umlegekragen**

Erfunden wurde der »Kompakte Four-in-hand«, um sehr schmalen Krawatten oder solchen aus zu leichtem Stoff einen kräftigen Knoten zu geben. Denn durch die zusätzliche Windung wird der Knoten kompakter und voluminöser. Diese Bindung ist auch als »Prince-Albert-Knoten« bekannt. Namensgeber ist Prince Albert (1819–1861), Gemahl der englischen Königin Viktoria, der auf diese Weise die Vorgänger der heutigen Krawatten band.

*Der »Kompakte Four-in-hand« ist ein Businessknoten der Extraklasse.*

❶ Die Krawatte mit der Naht zum Körper um den Hals legen. Das schmale Krawattenende halten und das breite Ende von links nach rechts über das schmale legen.

❷ Das breite Krawattenende nach hinten führen und um das schmale herumwickeln, so dass es wieder nach rechts zeigt. Die Bindung gut festhalten.

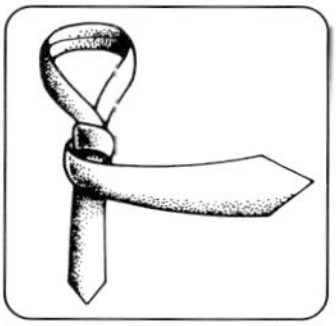

❸ Jetzt das breite Ende ein zweites Mal um das schmale herumwickeln, so dass es wiederum auf der rechten Seite liegt.

❹ Das breite Ende von unten nach oben durch die Halsschlinge und nach vorne über die doppelte Bindung führen.

*Vor allem zu nicht zu weit gespreizten Kragenformen passt der »Kompakte Four-in-hand« hervorragend. Am elegantesten wirkt er mit dem geschlossenen Tabkragen.*

❺ Dann das breite Ende von oben in die Schlaufe der letzten Bindung einstecken und nach unten durchziehen.

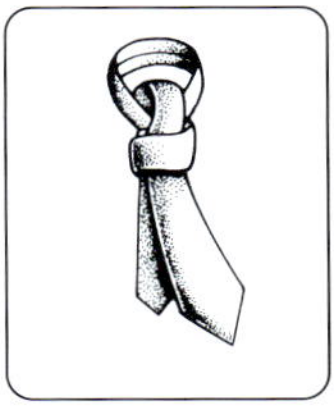

❻ Um die Bindung in Endform zu bringen, das schmale Ende festhalten und den Knoten mit Gefühl zum Hemdkragen hin schieben. Die letzte Bindung und die Doppelbindung sichtbar ausrichten.

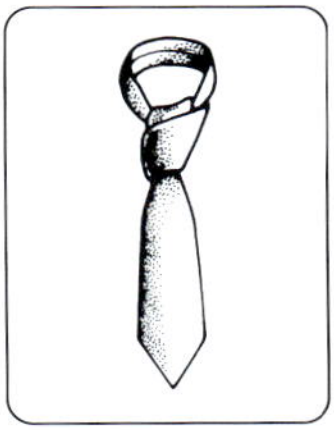

# DER EINFACHE WINDSOR-KNOTEN

*Der »Windsor« ist der Weltklassiker unter den Krawattenknoten. Seine Bindung sollte eigentlich jeder beherrschen.*

**Steckbrief**

- **Knoten mit schöner symmetrischer Dreiecksform**
- **Bei schmalen Krawatten passend für alle Kragenformen**
- **Bei breiten Krawatten ideal für gespreizte Kragenformen wie den Haifischkragen**

**Tipp**

*Bei breiten Krawatten wirkt der Knoten eher breit als hoch.*

Der »Einfache Windsor-Knoten« ist dem »Doppelten Windsor-Knoten« (siehe Seite 32 ff.) sehr ähnlich. Seine Bindung hat eine Windung weniger, damit hängt die Krawatte etwas länger. Man verwendet ihn gerne bei sehr breiten oder sehr festen Krawatten, die mit dem »Doppelten Windsor-Knoten« zu dick werden würden. Bei sehr breiten Krawatten verkürzt er optisch die Halspartie.

*Namensgeber des Knotens ist der Herzog von Windsor.*

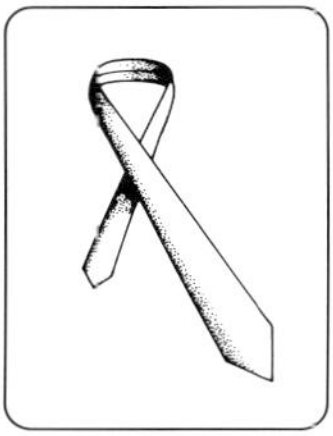

❶ Die Krawatte um den Hals legen, dass die Naht auf dem Körper liegt. Das schmale Krawattenende halten und das breite Ende von links nach rechts über das schmale legen.

❷ Das breite Krawattenende unter dem schmalen Ende herum zum Körper führen und durch die Halsschlinge nach vorne durchstecken. Das Ende muss nach rechts weisen.

❸ Nun das breite Ende von rechts nach links hinter dem halben Knoten zur linken Seite legen. Dann nach vorne herumführen und zur rechten Seite legen.

❹ Danach das breite Ende von unten nach oben durch die Halsschlinge ziehen und über die Bindung legen.

*Auch auf Reisen ist der »Windsor« angenehm zu tragen, denn er lässt sich gut lockern und ist danach wieder schnell in Form zu bringen.*

❺ Zuletzt das breite Ende fassen und von oben nach unten durch die Schlaufe stecken. Das Ende nach unten durchziehen.

❻ Den Knoten in Form bringen und langsam vorsichtig zum Hemdkragen hin schieben.

# DER DOPPELTE WINDSOR-KNOTEN

*Durch die gleichmäßige Bindung hat dieser voluminöse Knoten eine perfekte Dreiecksform.*

**Steckbrief**

- **Symmetrisch zu den Kragenspitzen**
- **Geeignet für schmale oder dünne Krawatten**
- **Passt ideal zum Haifischkragen**

**Tipp**
*Dieser Knoten ist etwas für sehr schlanke Träger, denn ein breiter Knoten verkürzt die Halspartie.*

König Edward VIII. von England, nach seiner Abdankung Herzog von Windsor, soll der Vater des eleganten Knotens gewesen sein. Da er nach eigenen Angaben aber einen »Four-in-hand« mit einer dick gefütterten Krawatte band, gibt es Zweifel an dieser Geschichte. Nichtsdestotrotz ist der Herzog Namensgeber für den »Windsor-Knoten«.

Durch die Breite des Knotens sollte man den »Doppelten Windsor« nur bei Hemden mit weit auseinander stehenden Kragenecken wie den Haifischkragen tragen.

*Dieser Knoten besticht durch seine Symmetrie.*

❶ Die Krawatte so um den Hals legen, dass das breitere Ende sehr viel weiter herabhängt als das schmale. Das schmale Krawattenende halten und das breite Ende von links nach rechts über das schmale legen.

❷ Das breite Krawattenende zum Körper führen und durch die Halsschlinge nach rechts vorne durchstecken. Danach hinter dem halben Knoten herum zur linken Seite führen.

❸ Das breite Ende der Krawatte nach oben führen und von vorne durch die Halsschlinge stecken. Nach links unten durchziehen.

❹ Nun das breite Krawattenende von links nach rechts über den doppelten Knoten zur rechten Seite legen.

*Für manche Anlässe darf es ruhig ein aufwändigerer Knoten wie der »Doppelte Windsor« sein.*

❺ Die Bindung gut festhalten und das breite Ende von unten nach oben durch die Halsschlinge ziehen.

❻ Zuletzt das breite Ende fassen, von oben nach unten durch die Schlaufe stecken und nach unten durchziehen.

❼ Um die gesamte Bindung in Endform zu bringen, das schmale Ende halten und den Knoten vorsichtig zum Hemdkragen hin schieben.

# DER KLASSISCHE AMERICAN

*Ein schöner, fülliger Knoten, der optisch dem »Einfachen Windsor« sehr nahe kommt.*

**Steckbrief**

- Fast symmetrischer Dreiecksknoten
- Oben breit und unten schmal
- Eignet sich auch zum Binden von kürzeren Krawatten
- Passend für viele Kragenformen

**Tipp**

*Der Knoten muss nach dem Binden etwas nachgearbeitet werden.*

Der »Klassische American« trägt mehrere Namen. Unter anderem heißt er »Pratt-Knoten«, nach seinem Erfinder Jerry Pratt. Pratt erregte Ende der achtziger Jahre mit seinem Krawattenknoten einiges Aufsehen. Denn es handelte sich um die erste echte neue Bindung der letzten 50 Jahre. Richtig bekannt wurde der interessante Knoten, nachdem er vom Moderator Don Shelby in seiner Fernsehsendung vorgestellt wurde. Häufig wird er daher auch als »Shelby-Knoten« bezeichnet.

*Ein nicht ganz so formeller Knoten: der »Klassische American«.*

❶ Die Krawatte mit der Naht zum Körper um den Hals legen. Das schmale Ende halten. Die Naht des breiten Endes mit einer halben Umdrehung zum Hals hin nach oben legen und unter dem schmalen Ende kreuzen. Hier von rechts nach links.

❷ Das breite Ende nach oben führen, in die Halsschlinge stecken und nach links unten ziehen.

❸ Die Bindung vorsichtig festziehen und gut festhalten.

❹ Danach das breite Ende von links nach rechts über den halben Knoten legen und von unten nach oben erneut durch die Halsschlinge führen.

*Der »klassische American« ist ein lässiger Knoten, der gut zu informellen Anlässen wie einem spontanen Bar- oder Restaurantbesuch passt.*

❺ Das breite Ende fassen, von oben in die Schlaufe der letzten Bindung stecken und gleichmäßig nach unten durchziehen.

❻ Um die gesamte Bindung in Endform zu bringen, das schmale Ende festhalten und den Knoten vorsichtig zum Hemdkragen schieben.

# DER FREE AMERICAN

*Dieser neue Knotentyp wirkt besonders spritzig und dynamisch.*

**Steckbrief**
- Sehr symmetrischer Knoten
- Bei festem Krawattenmaterial kann die letzte Bindung sichtbar bleiben
- Geeignet auch für kürzere Krawatten
- Passend für alle Umlegekragen

**Tipp**
*Nach dem Binden sollte der Knoten etwas nachgearbeitet werden, damit er ganz symmetrisch wird.*

Wegen seiner strengen Symmetrie wird dieser Knoten häufig mit dem »Windsor« verwechselt. Die Bindetechnik ist jedoch völlig anders. Wie der »Klassische American« wird dieser Knoten nämlich mit der »Innenseite« nach außen gebunden. Der »Free American« hat einen großen Vorteil gegenüber anderen Knoten, denn er verhindert, dass die Krawatte zu sehr verknittert. Für dünne Krawatten ist der »Free American« besonders geeignet. Bei Bindern aus grobem Stoff und mit dickem Futter wird er dagegen sehr groß und unförmig.

*Perfekten Sitz erzielt man durch die Bindung über Kreuz.*

❶ Die Krawatte mit der Naht zum Körper um den Hals legen. Das schmale Ende halten und die Naht des breiten Endes mit einer halben Umdrehung zum Hals hin nach oben legen. Danach unter dem schmalen Ende kreuzen. Hier von rechts nach links.

❷ Das breite Ende nach oben führen, in die Halsschlinge stecken und nach rechts unten durchziehen.

❸ Die Bindung vorsichtig festziehen und gut festhalten.

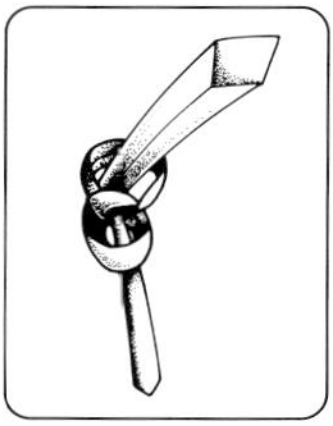

❹ Das breite Ende von rechts nach links über den halben Knoten legen und von unten nach oben durch die Halsschlinge führen.

*In der Freizeit und auf Reisen passt der »Free American« immer.*

❺ Das breite Ende von oben in die Schlaufe der letzten Bindung stecken und gleichmäßig nach unten durchziehen.

❻ Um die gesamte Bindung in Endform zu bringen, das schmale Ende festhalten und den Knoten vorsichtig zum Hemdkragen schieben.

# DER KREUZKNOTEN

*Durch die mehrfache Bindung wirkt dieser etwas aufwändigere Knoten füllig und dennoch schlank.*

**Steckbrief**
- Fester, gut sitzender Knoten
- Passend für leichte Seiden- oder Strickkrawatten
- Harmonisch zu breiten Kragenformen
- Kann in zwei Varianten getragen werden

**Tipp**
*Die längliche Form des Knotens streckt die Halspartie optisch.*

Dieser Knoten ist bei vielen auch unter dem Namen »Christensen« bekannt, benannt nach der schwedischen Krawattendesignerin Amanda Christensen. Sie erfand den Knoten zu Beginn des 20. Jahrhunderts. 1917 wurde der »Christensen« auch als fertig gebundene Krawatte angeboten. Der Knoten ist etwas aufwändiger, aber modern. Die raffinierte Bindung zeigt, dass der Träger des Knotens Wert auf das Besondere legt.

*Raffiniert und zugleich modern – der Kreuzknoten.*

❶ Die Krawatte mit der Naht zum Körper um den Hals legen. Das schmale Ende halten. Das breite Ende von links nach rechts über das schmale legen und hinter dem schmalen Ende herumführen.

❷ Das breite Ende von vorne aus oben in die Halsschlinge hineinstecken und nach links unten durchziehen. Die Bindung vorsichtig festziehen und gut festhalten.

❸ Das breite Krawattenende von vorne aus einmal um die gesamte Bindung herumführen, so dass es wieder links liegt.

❹ Danach das breite Krawattenende von unten nach oben durch die Halsschlinge ziehen und nach rechts ablegen.

*Für Anlässe von halbformellem Charakter eignet sich der »Kreuzknoten« gut.*

❺ Das breite Ende von oben in die beiden vorderen Schlaufen stecken und nach unten durchziehen.

❻ Das schmale Ende halten und den Knoten vorsichtig zum Hemdkragen schieben. Den Knoten so zurechtzupfen, dass die Kreuzbindung oben oder unten sichtbar wird.

# DER PLASTRON-KNOTEN

*Ein Knoten für besondere Gelegenheiten wie offizielle Empfänge, Hochzeiten oder Reitturniere.*

**Steckbrief**

- Elegante Bindung
- Sitzt gut und lässt sich dennoch leicht lösen
- Für Schals, Vierecktücher oder spezielle Plastronkrawatten mit schmalem Halsteil

**Tipp**
*Nach dem Binden müssen die Enden flach auf der Brust liegen.*

Die Plastronkrawatte war im 19. Jahrhundert sehr beliebt. Sie wurde von den Herren vor allem beim Besuch der mondänen Pferderennen getragen, darum spricht man auch von der »Ascot-Krawatte«. Heute wird sie fast nur noch zu Hochzeiten oder hochoffiziellen Empfängen zusammen mit dem Cut getragen. Zu diesen Anlässen passen dezent gemusterte oder uni silberfarbene Plastrons. Im Reitsport sind Binder aus weißer Baumwolle beliebt.

*Besondere Anlässe erfordern spezielle Bindungen.*

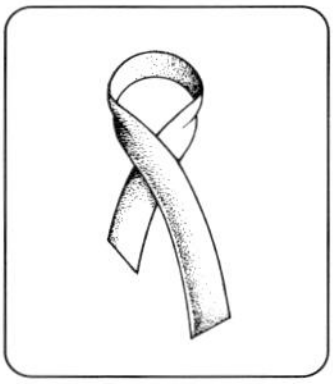

❶ Den Schal locker um den Hals legen und das linke, etwas längere Schalende über dem rechten kreuzen.

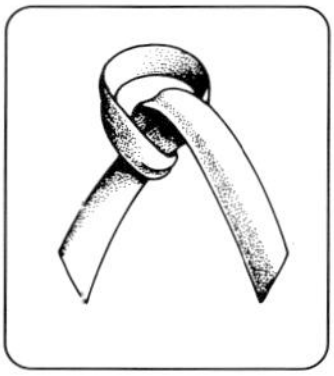

❷ Das längere Ende von unten in die Halsschlinge stecken und nach oben durchziehen. Den halben Knoten bis zum Hals festziehen.

❸ Das längere Ende nun vor dem kürzeren nach rechts zur Schlaufe abwinkeln.

❹ Das kürzere Ende fassen, um das längere Ende herumführen und in die gelegte Schlaufe einstecken. Danach zur rechten Seite durchziehen.

*Die festlichste Form der Tagesgarderobe ist der Cutaway. Er wird nie mit Schleife getragen, sondern stets mit einem Plastron oder einer dezenten Krawatte.*

❺ Nun beide Schalenden fassen und den Knoten vorsichtig und nicht zu fest anziehen. Dabei die Fältchen gleichmäßig ausrichten.

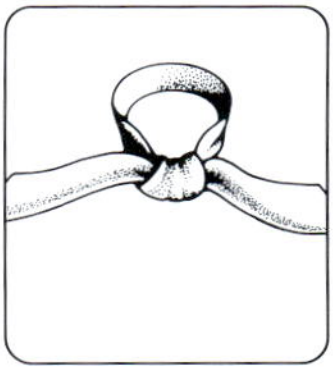

❻ Auch die beiden Enden am Knoten ausrichten. Danach über Kreuz flach auf die Brust legen und mit einer Schmucknadel oder Brosche zusammenhalten.

# DIE EINFACHE SCHLEIFE

*Die »Einfache Schleife« ist etwas für all jene, denen eine »normale« Krawatte im Alltag zu langweilig ist.*

**Steckbrief**
- Einfach zu binden
- Als Tagesschleife in kräftiger Farbgestaltung
- Für geschäftliche und private Anlässe
- Auch für Binder mit keulenartigen Enden

**Tipp**
*Die Bindetechnik eignet sich für Schleifen, die eine breitere Taille bekommen sollen.*

Die Schleife war anfangs ein einfaches Band von nicht festgelegter Breite. Erst in der zweiten Hälfte des 19. Jahrhunderts begannen die Krawattenhersteller damit, das Band in einer besonderen Weise zuzuschneiden, um die charakteristische Schleifenform zu unterstützen. Heute werden taillierte und untaillierte Schleifen angeboten. Die Schleife hat eine heitere und umgängliche Wirkung, man sollte sie also nicht unbedingt zu sehr formellen Anlässen tragen.

*Eine Schleife als individuelles Markenzeichen.*

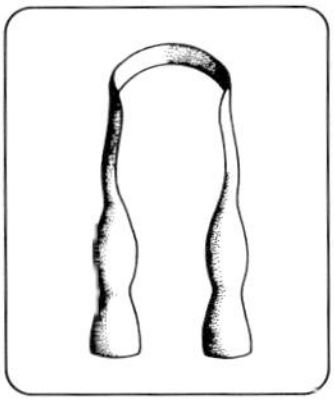

❶ Um diesen Knoten zu üben, eignet sich am besten ein auf Taille vorgeformtes Schleifenband. Zuerst die Bandenden gleich lang ausrichten.

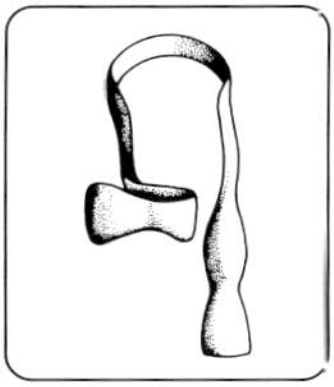

❷ Für den rechten Flügel das linke Bandende nach vorne zur Schlaufe einfalten, so dass der Knick nach rechts zeigt.

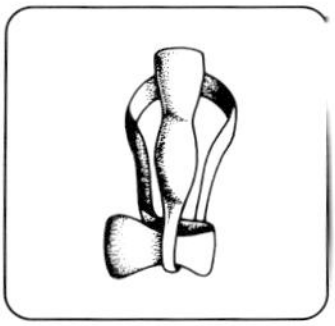

❸ Nun das andere Bandende fassen und mittig über den rechten Flügel nach oben legen.

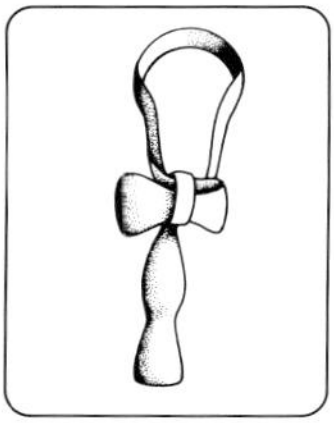

❹ Das gleiche Bandende von oben in die Halsschlinge einstecken und nach unten durchziehen.

*Das Binden einer Schleife braucht etwas Gefühl und Übung, ist aber nicht schwieriger als ein herkömmlicher Krawattenknoten.*

❺ Um den linken Flügel zu bilden, das Bandende zur Schlaufe legen; dabei das Ende nach hinten umknicken. Den Flügel dann vorne von rechts nach links durch die Schlaufe des halben Knotens stecken.

❻ Die Schleife festziehen und korrekt ausrichten. Der Knoten wird nicht so fest gezogen wie bei der klassischen Version (siehe Seite 59).

# DIE KLASSISCHE SCHLEIFE

*Sie ist ein Muss für jeden wirklich elegant gekleideten Mann!*

**Steckbrief**
- **Ideal für Bänder mit vorgeformter Taille**
- **Für formelle Anlässe zum Frack oder Smoking**
- **Fest sitzender Knoten**
- **Braucht etwas Übung**

**Tipp**
*Beim Festziehen die offenen und die geschlossenen Enden halten.*

Die Schleife ist obligatorisches Accessoire für den Smoking (zu ihm trägt man eine schwarze, in heißen Gegenden manchmal auch eine weiße Schleife) und den Frack (er verlangt nach einer weißen Schleife aus Baumwollpiqué). Das Binden sollte man mit einem farbigen Binder üben, da ein weißer schnell verschmutzt. Wer Probleme beim Binden hat, findet im Handel eine große Auswahl an fertig gebundenen Fliegen. (Die Bezeichnung Schleife bezieht sich nur auf selbst gebundene Querbinder.)

*Die Schleife ist der Klassiker unter den Querbindern.*

❶ Die beiden Schleifenenden über Kreuz legen, so dass das linke, nur gering längere Ende das rechte überschneidet.

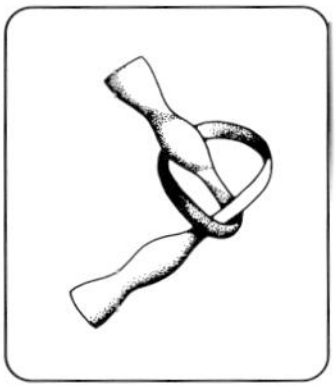

❷ Das längere Ende von unten in die Halsschlinge stecken und nach links oben durch- und festziehen.

❸ Für den rechten Flügel mit dem kürzeren Ende eine Schlaufe legen: Der Knick liegt in der Mitte des Ovals und zeigt nach rechts.

❹ Für den linken Flügel nun das obere Bandende nach unten über den schmalen Teil des rechten Flügels legen und das Ende nach vorne zur Schlaufe hochlegen.

*Bei Feierlichkeiten passt neben einer Schleife in Schwarz oder Weiß eine dezente Rose.*

❺ Den linken Flügel unten herum hinter den rechten Flügel führen und in die vorhandene Schlinge einstecken.

❻ Den linken Flügel etwas durchziehen. Beide Flügel gerade ausrichten und den Knoten mit beiden Händen vorsichtig festziehen; dabei auf jeder Seite das offene und das geschlossene Flügelende halten.

# DER ASCOT TIE

*Ein sportlicher Knoten für Krawattenschals, Halsbinder oder auch Vierecktücher.*

**Steckbrief**
- **Sicherer Sitz**
- **Geeignet für Krawattenschals aller Art**
- **Wird direkt am Hals getragen**

**Tipp**
*Krawattenschals werden niemals uni oder gestreift getragen.*

Diese Bindung ist nach dem englischen Städtchen Ascot benannt, in dem seit 1771 alljährlich im Juni ein Pferderennen stattfindet. Die Kleidungsvorschriften bei diesem gesellschaftlichen Ereignis sind sehr streng, Männer sollten einen Cut mit einer Ascot-Krawatte (siehe dazu auch Seite 48) tragen. Der »Ascot Tie« hingegen verleiht jedem Outfit eine legere Note oder macht den sportlichen Look etwas eleganter.
Der Name rührt wohl daher, dass der »Ascot Tie« in seiner Stofffülle dem Plastron nicht unähnlich ist.

*Der »Ascot Tie« ist ein Nachfahre der frühen »Cravate«.*

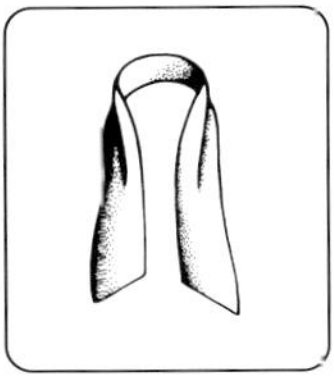

❶ Es gibt so genannte Krawattenschals, die im Nackenbereich vorgefaltet sind. Wird ein normaler Schal verwendet, im Nackenbereich locker zusammenfassen und so um den Hals legen, dass ein Schalende etwas länger herabhängt. Hier das rechte Ende.

❷ Das kurze Schalende halten und das längere Schalende über dem kürzeren Ende kreuzen.

❸ Weiter hinter dem kürzeren Ende herumführen. Die Bindung nun festziehen und gut festhalten.

❹ Wiederum das längere Ende fassen und vorne über die Bindung zur linken Seite legen.

*Ein schön gebundener Schal sieht gut aus und schützt z. B. vor Zugluft bei Cabriofahrten.*

❺ Das gleiche Ende von unten in die Halsschlinge stecken und nach oben durchziehen.

❻ Das kurze Schalende halten und den Knoten zum Hals hin schieben. Beide Schalenden in den Hemdkragen einstecken und die letzte Bindung ausrichten.

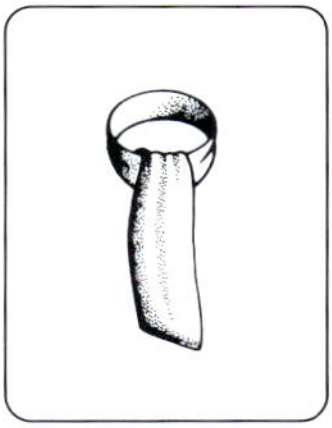

# DER FALSCHE KRAWATTENKNOTEN

*Für Freunde von Halstüchern ist dies das Juwel unter den Knoten.*

**Steckbrief**

- **Stets korrekter Sitz**
- **Kann mit und ohne Überschlag getragen werden**
- **Für Vierecktücher oder Schals, die zuvor zu einer schmalen Krawattenform gefaltet werden**

**Tipp**
*Für diesen Knoten müssen Schals und Tücher schmal gefaltet werden.*

Nach der Erfindung der modernen Krawatte wurden Halstücher vor allem von all jenen getragen, die sich keine Krawatten leisten konnten. Heute stimmt das natürlich nicht mehr. Halstücher sind in der Freizeit ein frischer Ersatz für Krawatten, die bei Outdooraktivitäten oft als störend empfunden werden. Der »Falsche Krawattenknoten« wird direkt am Hals getragen. Auch Frauen tragen diese Bindung gerne, sie führen sie allerdings nur bis Schritt vier aus und tragen das so gebundene Halstuch auf der Bluse.

*Diese Bindung hat eine sportliche und elegante Note.*

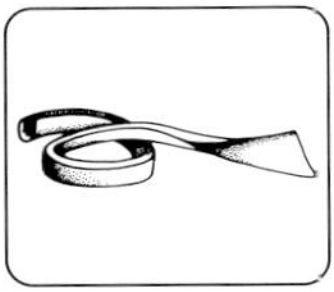

❶ Mit dem zu einem Streifen gefalteten Tuch oder Schal eine Schlaufe legen. Dabei kommt das kurze Ende hinter dem langen zu liegen.

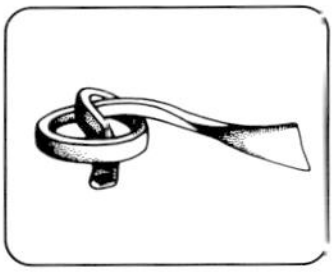

❷ Das kurze Ende nach vorne führen und von oben in die Schlinge stecken. Nach unten durchziehen.

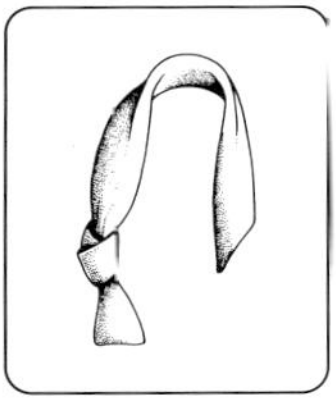

❸ Den Knoten nicht zu fest anziehen und ähnlich einem dreieckigen Krawattenknoten in Form bringen.

❹ Das andere Ende fassen und vorne durch die »Krawattenschlaufe« einstecken. Nach unten durchziehen. Den Stoff um den Hals legen, das durchgesteckte Ende halten und den Knoten zum Hals hin schieben.

*Selbst beim Golfspiel verrutscht das Tuch durch die feste Bindung nicht.*

❺ Man kann diese Bindung auch als Krawattenschal drapieren. Die Bindung bis Schritt vier ausführen. Dann das lange Ende von unten in die Halsschlinge stecken und durchziehen.

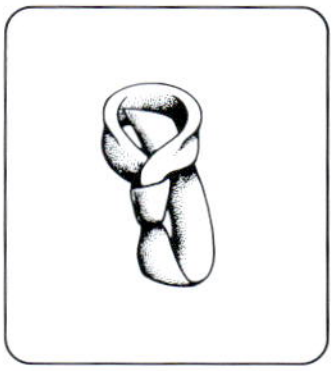

❻ Nach vorne über den Knoten legen, die beiden Stoffenden in den Kragen stecken und die Falten schön ausrichten.

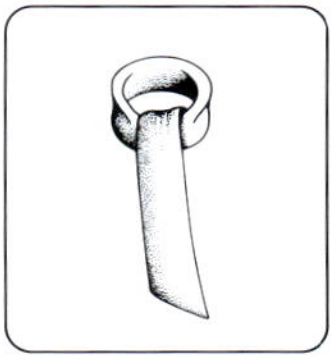

# KNOTEN FÜR SCHALS

*Ein gut gebundener Schal sorgt im Winter für wohlige Wärme an Hals und Brust.*

**Steckbrief**

- **Schöner, loser Fall bei 120 cm Schallänge**
- **Für Schals aus Seide, Wolle oder Mischgewebe**

**Tipp**

*Diese Bindungen geben den Schals guten Halt, auch bei sportlichen Aktivitäten.*

Ein Schal schützt in der kalten Jahreszeit nicht nur den Hals vor Kälte, sondern auch Hemd und Krawatte, die bei V-förmig ausgeschnittenen Überziehern von Feuchtigkeit und Nässe durch Regen oder Schnee bedroht sind. Es ist jedoch wichtig, dass der gebundene Schal unter der schweren Winterkleidung nicht aufträgt. Mit der »Schalschlinge« und der »Webschlaufe« kein Problem. Die Schalenden kann man übereinander oder nebeneinander anordnen. Letzteres bringt den Stoff des Schals besser zur Geltung.

*Einfach, aber effektiv sind diese Bindungen für Schals.*

## Die Schalschlinge

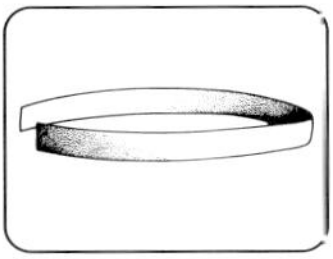

❶ Für diese Bindeversion den Schal doppelt legen. Beide Enden sind gleich lang.

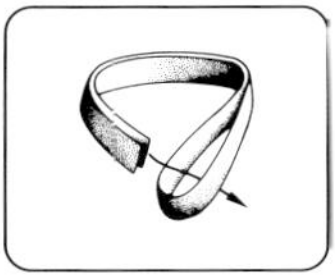

❷ Den Schal locker um den Hals legen. Beide Schalenden fassen und durch die Schlaufe führen.

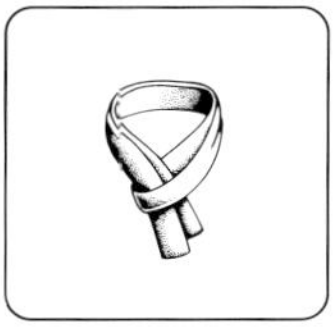

❸ Die Schalenden nach unten durchziehen und beliebig in der Schlinge drapieren.

## Die Webschlaufe

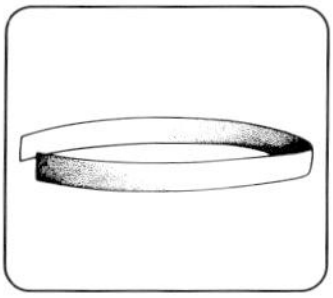

❶ Einen langen Schal zur Hälfte einfalten, so dass beide Enden gleich lang sind. Den Schal um den Hals legen. Welches Ende auf welcher Seite liegt, bleibt Ihnen überlassen.

*Diese beiden einfachen Bindemethoden sind praktisch und originell für die Wintergarderobe.*

❷ Nun wird ein Ende von oben in die Schlaufe eingesteckt und nach unten durchgezogen.

❸ Das andere Ende von unten in die Schlaufe einstecken und nach oben durchziehen. Die Bindung möglichst flach in Weboptik ausrichten.

Papilio hospiton

# DER STYLE-GUIDE FÜR IHN

*Wie mache ich einen guten Eindruck? Was ziehe ich wann an? Gibt es einen Dresscode? Auf all diese Fragen gibt es Antworten, ob für den offiziellen Anlass, Business- oder Freizeitbereich.*

# DER GUTE EINDRUCK

*Der erste Eindruck, den wir hinterlassen, entscheidet darüber, ob unser Gegenüber uns zunächst als positiv oder negativ empfindet.*

**Der gepflegte Mann**

Deshalb ist es so wichtig, auf ein gepflegtes Äußeres zu achten, und natürlich auf höfliches und taktvolles Benehmen (siehe dazu Kapitel »Der kleine Knigge für ihn«, Seite 98–113). Aber was macht ein »gepflegtes Äußeres« eigentlich aus?

*Mit gut gewählter Kleidung stärken Sie auch Ihre Selbstsicherheit.*

- Ihr Haar sollte immer frisch aussehen. Selbstverständlich sind ein guter Haarschnitt, regelmäßige Haarwäsche und die gepflegte Frisur.
- Ihre Fingernägel sind sauber und geschnitten oder gefeilt. Die Nagelhaut ist möglichst glatt und nicht eingerissen.
- Für Bartträger gilt: Gepflegt muss der Bart sein, durchaus modisch, aber bei längerem Barthaar perfekt (am besten vom Friseur) gestutzt.

• Schmuck trägt man nur da, wo er angebracht ist: tagsüber und im Beruf bitte nichts Pompöses, sondern schlichte Stücke.
• Ein Zuviel an Gerüchen stört. Das gilt für Körper- und Mundgeruch ebenso wie für Knoblauchdünste oder zu aufdringliches Parfüm und Rasierwasser.
• Passen Sie Ihre Lautstärke der Situation an – sowohl beim Reden als auch beim Lachen.

*Herrenschmuck sollte immer dezent, nie aufdringlich sein.*

**Wie Mann sich richtig kleidet**

Natürlich kann sich ein Mann heute kleiden, wie er will. Doch diese Freiheit führt oft zu einem Problem, denn wenn das Outfit nur nach Laune und Bequemlichkeit ausgesucht wird, bleiben Stil und Eleganz oft auf der Strecke. Und bei manchen Gelegenheiten ist es einfach angebracht, Anzug und Krawatte zu tragen. Wählen Sie Ihre Kleidung entsprechend dem Anlass und der Situation – überlegen Sie, wie Sie sich dort präsentieren wollen. Außerdem soll die Kleidung natürlich zu Ihrem Typ passen und Ihre individuelle Persönlichkeit unterstreichen.

**Tipp**

*Wenn Sie unsicher sind, lassen Sie sich von einem Profi (Typberater) bezüglich Stil und Farbauswahl beraten.*

# WAS MANN WANN TRÄGT

*Im Gegensatz zu früher gibt es heute keine strenge Kleiderordnung mehr. Aber für bestimmte Anlässe empfiehlt es sich, einen gewissen Dresscode einzuhalten. Abgesehen davon, dass Sie sich im Berufsleben natürlich an die Richtlinien halten müssen, die in Ihrer Firma gelten.*

**Hochzeit**

Bei kirchlichen Hochzeiten trägt der Bräutigam einen Cutaway oder einen Stresemann mit passenden Accessoires (Plastron, Manschettenknöpfe etc.). In den letzten Jahren sind Gehröcke wieder in Mode gekommen. Die männlichen Gäste erscheinen im Partyanzug. Wenn der Bräutigam im Cut heiratet, ist dieser Anzug auch für den Gast gestattet. Absolut unpassend für eine Hochzeit ist die Spencer-Kombination. Der Spencer wird nicht zu Unrecht auch als Kellnerjacke bezeichnet, da er über viele Jahrzehnte die Berufsbekleidung der Ober war

**Tipp**

*Grundsätzlich gilt, dass man als Gast nicht eleganter gekleidet ist als der Bräutigam.*

*Bei Trauungen auf dem Standesamt tragen Bräutigam, Trauzeugen und Gäste dezent festliche Kleidung. Frack und Cut sind hier nicht angebracht.*

(und es in vielen Restaurants auch heute noch ist).
Bei standesamtlichen Hochzeiten reicht es, wenn der Bräutigam in einem eleganten dunklen Anzug erscheint. Mit Cutaway, Stresemann und Gehrock ist man hier overdressed. Als Gast wählen Sie einen dem Anlass entsprechenden Anzug.
Bei manchen Hochzeiten zieht man sich für das Abendessen um. In der Regel bedeutet dies, dass man im Smoking erscheinen soll. (Bei einem Fest im Freien ist auch das weiße Dinner-Jacket erlaubt.) Üblicherweise findet sich aber ein Vermerk hierfür auf der Einladung (siehe Seite 78).

*Accessoires wie Seidentücher, Schals, Manschettenknöpfe oder Krawattennadeln ergänzen und unterstreichen das Bild des gut angezogenen Mannes*

**Festbälle, Banketts, Empfänge**

Richten Sie sich am besten nach dem Zeitpunkt, der für den Beginn des Festes angegeben ist, das kann vormittags, nachmittags oder abends sein. Bei der Einladung zu einer offiziellen Veranstaltung wird wahrscheinlich ein Kleidungsvermerk nicht fehlen. Diese gelten in der Regel aber nur für die Herren. (Eine Dame sollte selbst wissen, welche Garderobe sie wählen muss.)

• Bei formellen Feiern, die tagsüber stattfinden, weist der Vermerk »Geschäftsanzug« oder »Businesskleidung« auf den entsprechenden Rahmen hin.

• Smoking: Er wird mit schwarzer Schleife getragen. Deshalb findet sich in Frankreich der Hinweis »cravate noir«, im Englischen »black tie«, in den USA »tuxedo« auf der Einladung. In Deutschland lautet der Vermerk Gesellschaftsanzug. Der einreihige Smoking wird mit Kummerbund oder Weste, der zweireihige ohne getragen. Bei eleganten Gartenpartys ist das weiße Dinner-Jacket gestattet.

• Nach 15.00 Uhr (besser noch nach Einbruch der Dunkelheit) und bei ganz besonderen Anlässen (Staatsempfänge, Opernball) ist der Frack angesagt. Er wird mit weißer Fliege getragen, deshalb der Hinweis »cravate blanche« bzw. »white tie«. Zum Frack können auch Orden und Schärpen angelegt werden.

• Der Frack des Tages ist der Cut (Cutaway, Morging Coat). Er wird tagsüber (bis 15.00 Uhr) bei hochoffiziellen Empfängen oder zur Hochzeit getragen. Zum Cut trägt man eine gestreifte Stresemannhose, eine graue Weste und ein weißes Hemd mit silbergrauer Krawatte bzw. ein

*Zu Cutaway und Stresemann trägt man eine schwarze Hose mit grauen Streifen. Handschuhe sind heute kein Muss mehr.*

Hemd mit Kläppchenkragen und dezent grauem Plastron.

• Die Formulierung »Abendgarderobe erwünscht« oder »festliche Kleidung erbeten« lässt Ihnen mehr Spielraum bei der Wahl des Anzugs. Sie können dann durchaus ein farbiges oder modisch ausgefalleneres Outfit wählen.

• Bei allen offiziellen Anlässen sollte das Hemd weiß und mit Klappmanschetten versehen sein. Das Smokinghemd hat eine gefältelte oder mit Waffelpikee besetzte Brust und verfügt entweder über einen Kläppchen- oder Haifischkragen. Zum Frack gehört ein Hemd mit sehr steifer Waf-

*Bei kulturellen Veranstaltungen kann man mit seiner Garderobe ruhig ein bisschen Theater machen.*

felpikeebrust und Kläppchenkragen. Das Schuhwerk sollte schlicht, schwarz und elegant sein. Zu Frack und Smoking passen Herrenpumps und Lack- oder auf Hochglanz polierte Halbschuhe im Oxfordstil.

*Gleich nach der Arbeit in die Oper? Kombinieren Sie den dunklen Anzug mit einem farbigen Hemd und einer flotten Krawatte, und nehmen Sie ein weißes Hemd und einen dezenten Binder zum Wechseln mit.*

**Theater, Oper, Operette**

Es gibt heute für Theater, Oper und Operette keine strenge Kleiderordnung mehr. Dennoch: Ein Besuch dieser Einrichtungen ist etwas Besonderes, und dem sollten Sie mit festlicher Kleidung Rechnung tragen: Hier sind Anzüge in gedeckten Farben geeignet, denen mit passenden Accessoires (z. B. einer modischen Weste) eine persönliche Note verliehen werden kann. Da die meisten Theaterveranstaltungen abends stattfinden, gilt die alte Regel, dass nach 18.00 Uhr nur schwarzes Schuhwerk zulässig ist. Etwas lockerer können Sie es im Theater angehen lassen, vor allem wenn Sie z. B. eine Vorstellung der Werkstattbühne oder ein Volkstheater besuchen. Bei Opernpremieren dagegen schreibt die Etikette vor, dass Herren im Smoking oder dunklen Anzug erscheinen.

**Vorstellungsgespräch**

Sie sollten klassisch, aber nicht zu elegant gekleidet erscheinen. Wenn Sie im Anzug auftreten möchten, wählen Sie am besten einen neutralen Farbton wie Grau oder Dunkelblau. Vermeiden Sie Schwarz und alle Modefarben. Auch die Anzugkombination ist bei einem Vorstellungsgespräch angebracht. Jacke und Hose müssen natürlich im Ton miteinander korrespondieren.

*Freizeitkleidung – also Jogginganzug, Radlerhosen, Shorts – sind bei einem Vorstellungsgespräch absolut tabu.*

Das Hemd ist am besten reinweiß, dazu die zum Anzug farblich passende Krawatte: Sie ist ein Muss! Aber: Auch wenn Ihnen noch so warm ist – eine gelockerte Krawatte oder ein offener Hemdkragen wirken nicht gepflegt.

Die Farbe Ihrer Strümpfe richtet sich nach der Farbe der Hose. Zu kurze Socken lassen die nackte Wade blitzen – das sollten Sie vermeiden.

Perfekt sollte auch Ihr Schuhwerk sein: am besten klassische Lederschuhe zum Binden. Achten Sie darauf, dass Ihre Schuhe gut geputzt sind und in der Farbe zum Anzug passen! Falls Sie unsicher sind: Mit schwarzen Schuhen liegen Sie immer richtig.

Natürlich gehen Sie niemals unrasiert zum Vorstellungsgespräch. Auch ein modischer Dreitagebart ist nicht immer gern gesehen.
Ihre Frisur sollte modisch sein, aber nicht extrem. Versuchen Sie auch, sich in dieser Hinsicht der Branche, in die Sie möchten, anzupassen.

**Tipp**
*Gepflegte Schuhe sind extrem wichtig. Es gibt Personalchefs, die Kandidaten ablehnten, weil diese mit ungeputzten Schuhen zum Interview erschienen sind.*

Die größten Sünden:
① Finger weg von Leder- oder Strickkrawatten oder gar witzigen Bindern mit albernen Mustern! Zum offiziellen Geschäftsanzug gehört auch niemals eine Fliege – selbst wenn das Ihre persönliche Note ist.
② Vermeiden Sie Hosen mit Gürtelschlaufen, aber ohne Gürtel!
③ Weiße Socken sind eine schlechte Wahl. Selbst wenn sie einmal »in« sein sollten, beim eleganten Herrn kamen sie noch nie infrage! Auch bunte oder »witzige« Socken sind beim Vorstellungsgespräch tabu!
④ Hellbraune Schuhe passen nur selten zu einem grauen oder blauen Anzug. Zweifarbiges Schuhwerk, Sandalen, Turnschuhe, Slipper oder gar Stiefeletten sind immer unpassend. Ebenso wie schief getretene Absätze.

**Gerichtstermin**
Es empfiehlt sich einen Straßenanzug zu tragen oder wenigstens eine Kombination. Auch eine Krawatte kommt gut an.

**Kirchenbesuch**
Es gibt keine offiziellen Kleidervorschriften für den Kirchenbesuch, dennoch sollte man darauf achten, sich würdig und angemessen zu kleiden. Eine wirklich wichtige Regel, deren Einhaltung von Höflichkeit und Stil zeugt, lautet: Kurze Hosen und Muscleshirts sind in der Kirche tabu.

*Zu allen Anlässen gehören gute und gepflegte Schuhe. Wissenswertes zu diesem Thema erfahren Sie ab Seite 93.*

**Beerdigung**

Bei einer Beerdigung ist ein dunkler (am besten schwarzer), ungemusterter Anzug Pflicht. Das Hemd ist weiß, die Krawatte schwarz, ebenso wie Strümpfe und Schuhwerk. Auf Schmuck muss verzichtet werden. Erlaubt sind nur der Ehering, schlichte Manschettenknöpfe und eine dezente Armbanduhr. Bei schlechter Witterung sollte ein möglichst dunkler Mantel gewählt werden.

*Speziell für heißes Klima gibt es leichte, ungefütterte Anzüge. Mit ihnen macht man im Urlaub auf jeden Fall eine gute Figur.*

**Urlaub**

Gegen legere Kleidung im Urlaub ist nichts einzuwenden, wenn Sie damit nicht aussehen, als ob Sie Ihre Gastgeber missachten würden. Kleiden Sie sich so, dass Sie sich auch daheim auf die Straße trauen würden – und zwar nicht zum schnellen morgendlichen Einkauf beim Bäcker um die Ecke, sondern in die Fußgängerzone, wo Sie viele Menschen treffen. Wenn Sie sich nicht sicher sind, erkundigen Sie sich vor Antritt der Reise im Reisebüro oder einem Konsulat des entsprechenden Landes, welche Art Kleidung an Ihrem Urlaubsziel angemessen ist.

# ABC DER HERREN-GARDEROBE

*Ganz gleich, ob Sie lieber elegante oder sportliche Mode tragen, ein paar Basics müssen in jedem Kleiderschrank vorhanden sein. Für besondere Anlässe kann man sich auch Kleidungsstücke ausleihen wie z. B. Cutaway oder Smoking. Aber was zieht man wann an?*

### Anzug

Ein Anzug besteht immer aus Hose und Jacke. Manchmal gehört auch noch eine Weste dazu.

*Beim Einreiher mit drei Knöpfen wird der mittlere (eventuell auch der oberste) geschlossen, bei zwei Knöpfen nur der obere.*

• Die Jacke ist entweder einreihig oder zweireihig geschnitten. Klassische Einreiher haben zwei oder drei Knöpfe. Der traditionelle Zweireiher hat sechs Knöpfe, wobei das oberste Paar immer nur der Zierde dient. Die unteren Knöpfe werden nur bei Uniformen geschlossen. Das Revers beim Zweireiher läuft nach oben spitz zu. Üblicherweise hat ein Anzug zwei große Taschen in Hüfthöhe und eine kleine links über der Brust. (Die Anzahl der Innentaschen kann variieren.) Die großen Taschen werden häufig mit Patten (Klappen) abgedeckt, die kleine dagegen nicht. Anzugjacken gibt es mit einem oder zwei (Seiten-) Schlitzen oder auch ganz ohne. Beim Einreiher sind alle drei Varianten möglich. Der Zweireiher hat zwei oder keine Schlitze.

Achten Sie beim Kauf darauf, dass der Kragen am Hals schön anliegt und das Hemd etwa einen Zentimeter darüber hinausschaut. Die Schultern der Anzugjacke sollten nur etwas breiter sein als Ihre eigenen, keinesfalls aber schmäler. Ein wichtiges Kriterium für den optischen Eindruck, den ein Anzug macht, ist die Ärmellänge. Ist der Ärmel zu lang, wirkt das ganze Outfit zu groß. Zu kurze Ärmel machen den Anzug dagegen klein. Als Faustregel gilt, dass der (gut sitzende) Hemdärmel noch etwa einen Zentimeter sichtbar bleibt (beim Smoking 1,5 Zentimeter). Falten, die beim Tragen im Rückenbereich, unter dem Kragen oder unter den Ärmeln sichtbar werden, sowie ein aufstehendes Revers sind untrügliche Zeichen dafür, dass der Anzug nicht optimal sitzt.

**Tipp**

*Anzüge niemals in der Maschine waschen! Anzugstoff, Einlagen und Futter laufen unterschiedlich ein, und der ganze Anzug gerät aus der Form.*

*Wählen Sie den Gürtel immer passend zu den Schuhen. Die Farbe der Schnalle sollte auf den übrigen Schmuck abgestimmt werden*

• Anzughosen gibt es mit oder ohne Bundfalten. Die Hose passt im Bund, wenn Sie ohne Gürtel nicht rutscht. Sie darf aber auch nicht spannen. Wie die Ärmellänge ist auch die Länge des Hosenbeins von entscheidender Wichtigkeit für eine optimale Wirkung des Anzugs. Die Hose sollte vorne am Schuh etwas einknicken und hinten die Ferse des Schuhs zur Hälfte bedecken. Normale Ausgeh- oder Businessanzüge gibt es mit oder ohne Aufschlag. Offizielle Anzüge haben keine Aufschläge!

• Die Farbe und das Dessin eines Anzugs müssen mit Bedacht gewählt werden. Allzu modische Farben und Muster verlieren schnell an Aktualität oder man sieht sich daran satt. Sollten Sie nur einen Anzug besitzen, sollte dieser Dunkelblau oder Dunkelgrau sein, denn mit diesen beiden Farben sind Sie für fast alle Gelegenheiten gerüstet und gut angezogen. Auffällige Stoffe sind nur bei wenigen Anlässen passend und schränken so die »Tragbarkeit« des Anzugs stark ein. Wer sich für mehrere Anzüge entscheidet, sollte darauf achten, dass diese dem jeweiligen Anlass angemessen sind (siehe Kapitel »Was Mann wann trägt«, Seite 76–85). Natürlich muss der Anzug auch zur Jahreszeit passen. Sehr helle Farben und ungefütterte Anzüge sollten dem Sommer vorbehalten bleiben.

*Ein grauer Anzug lässt sich mit fast allen Farben, Mustern und Accessoires kombinieren.*

**Kombinationen**

Kombinationen sind häufig eine praktische und vielseitige Alternative zum Anzug. (Sie können diesen aber keinesfalls ersetzen.) Sie sind sowohl im Business als auch in der Freizeit tragbar. Für Kombinationen eignen sich der Blazer (mit Metallknöpfen), das Tweedsakko und das italienische Sakko.

- Blazer sind in verschiedenen Farben erhältlich. Die klassischen Farbtöne sind Dunkelblau, Dunkelgrün, Schwarz, Beige und Dunkelrot. Kombiniert werden diese Jacken mit grauen Flanellhosen oder hellen beigefarbenen bzw. weißen Baumwollhosen. Auch Jeans sind möglich (Vorsicht im Business). In der Freizeit sorgen farbige oder gemusterte (Streifen oder Karos) Hemden für Lässigkeit. Auch der »Ascot Tie« (siehe Seite 60 ff.) passt hier gut.

*Blazer werden als Ein- und Zweireiher angeboten.*

• Tweedsakkos sind immer einreihig. Es gibt sie in verschiedenen Mustern – von dezent bis auffällig. Die Knöpfe sind aus Horn oder Leder. Bei der Wahl der farblich passenden Hose sind durch die Fülle der Stoffmuster fast keine Grenzen gesetzt. Cord und Flanell sind die klassischen Hosenmaterialien.

• Das italienische Sakko gibt es in unzähligen Schnitten, Stoffqualitäten und Dessins. Die kombinierte Hose sollte immer auf den Farbton des Sakkos abgestimmt sein.

**Hemd**

Das Wichtigste beim Hemdenkauf ist die Passform. Ein gut sitzendes Hemd ist am Kragen weder zu eng noch zu weit und spannt weder an Brust noch Bauch. Die Ärmel sind genau so lang, dass die Manschette exakt bis zur Handwurzel geht.

**Tipp**
*Kurzarmhemden – vor allem unter dem Anzug – gelten als spießig.*

Hemden gibt es in unzähligen Farben und Mustern. Diese müssen auf die restliche Kleidung und den Anlass abgestimmt werden. Außerdem unterscheiden sich Hemden in der Kragenform. Die wichtigsten Kragen sind:

*Hochwertige Hemden sind meist mit Perlmuttknöpfen versehen. Die Stärke des Perlmutt entscheidet über die Qualität: je dicker, desto besser.*

**① Kläppchenkragen**
Der Kläppchenkragen ist vor allem an Frack- und Smokinghemden zu finden. Zu diesem Kragen gehört die »Klassische Schleife«. Wird der Kläppchenkragen zum Cut getragen, kombiniert man ihn mit dem Plastron.

**② Haifischkragen**
Dieser weit gespreizte Kragen wird gerne zum Businessanzug getragen. Dazu passen mittelschwere, normal breite Krawatten oder leichte, breite Krawatten, die mit großen Knoten gebunden werden. Geeignet sind der »Kompakte Four-in-hand«, der einfache und der doppelte »Windsor« sowie der »Kreuzknoten«.

**③ Kentkragen**
Der Kentkragen eignet sich für alle Businesshemden. Dazu passen alle Knoten. Auch die »Einfache Schleife« sieht gut dazu aus.

**④ Button-down-Kragen**
Ein eher sportlicher Kragen für legere Kombinationen. Dazu passen leicht füllige Knoten für mittelschwere und normal breite Krawatten oder leichte, breite Krawatten wie der »Einfache Windsor«, der »Klassische American« oder der »Kreuzknoten«.

1

2

3

4

5

6

⑤ **Tabkragen**
Sehr elegant ist der Tabkragen, der im Business und bei offiziellen Anlässen getragen wird. Zu ihm passen schmale Knoten für leichte, normal breite Krawatten oder mittelschwere, schmalere Krawatten wie der schlanke oder der kompakte »Four-in-hand«.

⑥ **Lidokragen**
Ein breiter Kragen mit oder ohne Knopf für den modischen Freizeitbereich. Dazu passen feste, etwas fülligere Knoten wie der einfache und der doppelte »Windsor«, der »Kompakte Four-in-hand«, der »Free American« und der »Ascot Tie«.

*Achten Sie darauf, dass das Hemd eine Schulterpasse hat. Ohne ist es nicht viel wert.*

**Schuhe**

Schuhe sind ein besonders wichtiger Aspekt in der Herrenmode. Oft steht und fällt der erste Eindruck mit den Schuhen. Bei Schuhen kommt es ganz entscheidend auf die Qualität an. Ein guter Schuh kann bei richtiger Pflege Jahrzehnte (!) halten. Aber Qualität hat ihren Preis. Von Schuhen in unteren Preisregionen (bis 150 Euro) kann man nicht viel erwarten. Das Leder ist hier oft von schlechter Qualität, die Sohle häufig aus Plastik

**Tipp**
*Für die Wahl des Materials gilt: Glattleder ist eleganter als stark genarbtes oder Rauleder.*

oder Gummi und mit dem Obermaterial nur verklebt. Dieses Schuhwerk hält meist nicht länger als eine Saison und ist sein Geld nicht wert. Teurere Schuhe (bis 300 Euro) sind qualitativ schon deutlich besser. Wirklich interessant wird es aber erst ab etwa 300 Euro. (Die Grenze nach oben ist offen.) Hier kann man einen wirklich guten Schuh erwarten, der nach allen Regeln der Schuhmacherkunst (rahmengenäht) gefertigt wurde und alle Ansprüche an Qualität, Passform und Lebensdauer erfüllt.

Oft stellt sich die Frage »Wie viele Schuhe brauche ich eigentlich?« Im Business und für offizielle Anlässe reichen zwei Paar schwarze und ein Paar dunkelbraune. Für die Freizeit sollte man zusätzlich noch je ein Paar bequeme Loafer (Slipper), Leinenschuhe und Boots (für die kalte Jahreszeit) haben. Alles, was darüber hinausgeht, dient Ihrem persönlichen Lustgewinn.

Bei der Wahl der Schuhe sollte man auf die Form achten:

- Oxford: Ein sehr schlichter, etwas konservativer Schuh mit gerader Kappe. Mit einem schwarzen Oxford kann man im Business fast nichts falsch machen.

- Wing Tip oder Brogue: Ein aufwändiger, aber keinesfalls auffallender Schuh mit geschwungener Spitze und einer dekorativen Lochmusterung. Je ein Paar in Schwarz und Dunkelbraun gehören zum kompletten Businessoutfit.
- Loafer oder Slipper: Ungeschnürte Schuhe, in die man schnell hineinschlüpfen kann (aber niemals ohne Schuhlöffel!). Edlere Versionen (z. B. Tasselloafer) eignen sich auch als Büroschuh.

Schuhe müssen gepflegt werden. Das fängt schon beim An- und Ausziehen an. Ziehen Sie den Schuh immer mithilfe eines Schuhlöffels an. Beim Ausziehen immer die Schnürsenkel lösen und die Schuhe sofort auf Schuhspanner aufziehen. Neue Schuhe dürfen anfangs nie länger als ein paar Stunden getragen werden. Bis zum nächsten Tragen sollten Schuhe 24 Stunden »ruhen«. Das erhöht die Lebensdauer erheblich. Geputzt werden Schuhe nach jedem Tragen und mit einer farblich passenden Schuhcreme.

*Loafer sind der klassische Freizeitschuh.*

*Farblose Schuhcreme als »Universalpflegemittel« ist ungeeignet, da Sie keine neuen Farbpigmente ins Leder bringen kann.*

**Strümpfe und Socken**

Um es gleich klar zu sagen: Ein gut gekleideter Herr trägt im Business und zu offiziellen Anlässen nur Kniestrümpfe in dunklen Farbtönen. Schwarze Kniestrümpfe sind immer die richtige Wahl! Kurze Socken sind dagegen der Freizeit vorbehalten. Sie sollten dezent und im Farbton an das Outfit angepasst sein. Im Übrigen haben Ringel-, Ärzte-, Im-Dutzend-billiger-Socken und solche mit »lustigen« Motiven in Ihrem Kleiderschrank nichts verloren. Tennissocken haben nur auf dem Court ihre Berechtigung.

*Die Farbe des Uhrenarmbands sollte zur Farbe von Gürtel und Schuhen passen. Unproblematisch sind Armbänder aus Metall.*

**Schmuck**

Schmuck wie ein dezenter Ohrstecker ist heute auch bei Herren durchaus üblich und »erlaubt« – zumindest in den meisten Berufen. Meiden Sie in jedem Fall zu viele, protzige oder gar imitierte Schmuckstücke. Eine elegante Armbanduhr sollte wie eine Krawattennadel und dezente Manschettenknöpfe zu Ihrer Grundausstattung gehören. Achtung bei Krawattenklammern: Vermeiden Sie »witzige« Motive (Playboyhäschen etc.). Bunte Plastikuhren sind eher bei Jugendlichen oder in bestimmten Berufen (Werbung etc.) angesagt. Ab einem gewissen Alter und in der entsprechenden gesellschaftlichen Position macht eine seriösere Variante des Zeitmessers mehr her.

*Achten Sie bei der Kombination von Schmuckstücken darauf, dass sie aus demselben Material bestehen bzw. die gleiche Farbe haben.*

Ein eigenes Kapitel ist der Körperschmuck. Bei Piercing und Tätowierungen kommt es natürlich auf den Job an, um den Sie sich bewerben. Sie sollten aber bedenken: Beides ist gesellschaftlich nicht unbedingt akzeptiert. Kleiden Sie sich so, dass Tätowierungen nicht sichtbar sind, und entfernen Sie am besten Piercings im Gesicht.

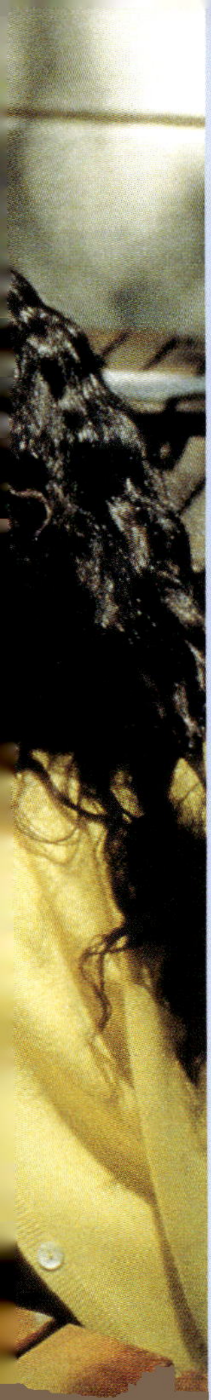

# DER KLEINE KNIGGE FÜR IHN

*Gutes Benehmen besteht heute nicht mehr in starren Regeln oder Anpassung um jeden Preis, sondern im respektvollen Umgang miteinander. Damit kann man vieles erreichen – sowohl beruflich als auch privat.*

# BEGRÜSSUNG & KOMMUNIKATION

*Gutes Benehmen und die Fähigkeit, angemessen mit anderen zu kommunizieren, sollten eigentlich eine Selbstverständlichkeit sein. Dennoch sind in der heutigen Gesellschaft viele Basics der Etikette in Vergessenheit geraten.*

**Tipp**
*Der Gruß sollte nicht zu überschwänglich sein. Ein einfaches »Guten Tag« begleitet von einem Nicken genügt.*

## Gruß und Begrüßung

Einem Gruß muss kein Gespräch folgen, er ist lediglich ein höfliches Signal des Respekts – auch an einen Nachbarn oder Kollegen, mit dem Sie vielleicht nicht so gut »können«. Mit einem Gruß geben Sie zu erkennen, dass Sie jemanden gesehen und erkannt haben. Zu jedem Gruß gehören der Blickkontakt und ein freundliches Lächeln.

Sie grüßen grundsätzlich andere Menschen, wenn Sie

- sie kennen (z. B. Kollegen) bzw. vom Sehen kennen (z. B. Nachbarn aus Ihrem Viertel).
- ihnen im Hausflur begegnen.

• ein Eisenbahnabteil betreten. Im Großraumwagen richten Sie Ihren Gruß lediglich an Ihre Sitznachbarn.
• sich im Flugzeug, im Bus oder in anderen Verkehrsmitteln neben einen anderen Flug- bzw. Fahrgast setzen.
• in ein Wartezimmer kommen.
• ein kleineres Geschäft oder Restaurant betreten.
• in einen Fahrstuhl einsteigen.
• in ein fremdes Büro kommen. Das gilt auch für Behörden und Ämter.
• andere Personen auf einem Hotelflur treffen.
• in Ihrer Firma Besucher oder andere Fremde treffen.

*Freundlich, diskret und doch mit einer gewissen Herzlichkeit – so stellen Sie bei einer Begrüßung gleich einen sympathischen Kontakt her.*

• in einem Supermarkt oder Kaufhaus einen Verkäufer etwas fragen. Beim Bezahlen an der Kasse ist ein Gruß ebenfalls angebracht.

Im Übrigen gilt: Lieber einmal zu viel als zu wenig gegrüßt. Menschen, die aus Unhöflichkeit Ihren Gruß missachten, immer besonders freundlich grüßen, um sie subtil auf ihr Fehlverhalten aufmerksam zu machen.

**Tipp**
*Nehmen Sie bei der Begrüßung und im Gespräch die Hand aus der Tasche.*

Bei der Begrüßung richten Sie das Wort an Ihr Gegenüber und reichen ihm eventuell die Hand.

Die Grundregel bei Begrüßungen lautet: »Ladies first!«. Diese Vorschrift wird dann durchbrochen, wenn Sie mehr als fünf Personen auf einmal begrüßen. Dann gehen Sie der Reihe nach vor. Davon abgesehen grüßt stets der zuerst, der einen Raum betritt (dies gilt für das private Zimmer ebenso wie für ein Restaurant) und der als Einzelner auf eine Gruppe zukommt.

Bei einer Begrüßung mit Handschlag reicht immer der Ranghöhere dem Rangniederen die Hand. Die richtige Distanz beim Händeschütteln im Beruf sind eineinhalb Armlängen. Als Mann sollten Sie bei der Begrüßung mit Handschlag grundsätzlich aufstehen. Man schüttelt sich die Hände natürlich nicht bei jedem Zusammentreffen, sondern in der Regel wenn man sich

- zum ersten Mal begegnet.
- nach einer längeren Zeitspanne wiedertrifft.
- für einen längeren Zeitraum verabschiedet.

Der Handkuss zur Begrüßung einer Frau ist heute kaum noch gebräuchlich. Viele Frauen empfinden ihn sogar als peinlich.

*Wenn man sich selbst vorstellt, sollte man auf die Nennung akademischer Titel verzichten.*

**Vorstellung**

Wenn man zwei Personen miteinander bekannt macht, wird der Rangniedrigere dem Ranghöheren vorgestellt. Im Zweifelsfall wird zuerst die jüngere Person der älteren vorgestellt. Wenn Sie sich selbst vorstellen, sollten Sie dies in einfachen Worten tun. Ein »Guten Tag, mein Name ist Hans Meier« ist völlig ausreichend. Dabei sind Handschlag und freundlicher Blickkontakt Pflicht. Bei der Vorstellung in der Firma ist es sinnvoll, mit dem Namen auch die Funktion oder Abteilung zu nennen. Also: »Darf ich Ihnen Herrn Müller aus der

Datenerfassung vorstellen.« oder »Mein Name ist Karl Schulz. Ich arbeite in der Buchhaltung.«

**Smalltalk**

Manche halten Smalltalk für Dampfplauderei, aber ohne ihn geht bei Geschäftsessen und Partys nichts. Im privaten Kreis kann man das Ganze ziemlich locker sehen, im Beruf gilt vornehme Zurückhaltung. Denn wer ohne Punkt und Komma redet, nervt die anderen Gäste oder Kollegen.

• Diese Themen sollten Sie vermeiden: Politik, Finanzen, schmutzige Witze, persönliche Probleme, Krankheiten, Religionsfragen, Tratsch. Sie

*Der geübte Smalltalker versteht es, sein Gegenüber zu »interviewen«, ohne indiskret zu sein.*

sitzen schließlich nicht in der Kneipe mit Ihren Kumpels.

- Themen, die sich eignen, sind: Familie, Sportereignisse, Hobbys, Reisen, Kultur, Modetrends, Wetter (nur in Maßen).

Vermeiden Sie Fragen, die man nur mit »Ja« oder »Nein« beantworten kann, denn sie hemmen den Gesprächsfluss unnötig.

**Telefonieren**

Melden Sie sich am Telefon nicht nur mit einem unhöflichen »Ja« oder »Hallo«, sondern mit Ihrem Namen. Ob Sie auch den Vornamen nennen, bleibt Ihnen überlassen. Im Büro sollten Sie sich wie folgt melden: »Firma Meier, Christian Krause, guten Tag.« Wenn Sie der Anrufer sind, ist es selbstverständlich, dass Sie Ihren Namen nennen. Sollten Sie einmal den Namen eines Anrufers nicht verstanden haben, ist es nicht unhöflich, noch einmal nachzufragen. Notieren Sie sich den Namen des Anrufers am besten auf einen Zettel, und beenden Sie das Gespräch beispielsweise mit einem verbindlichen »Auf Wiederhören, Frau Müller.«

*Wenn Sie auf einen Anrufbeantworter oder eine Mailbox sprechen, sollten Sie Namen, Rufnummer und Grund Ihres Anrufs nennen.*

# RUND UMS ESSEN

*»Wie man isst, so ist man« – in diesem Spruch steckt mehr als nur ein Fünkchen Wahrheit.*

Korrekte Tischsitten sind wichtig und zeugen von guter Kinderstube. Vor allem bei Anlässen wie Geschäftsessen spielen Sie eine wichtige Rolle. Sie können dann sogar entscheidend für die nächsten Schritte auf der Karriereleiter sein. Nach einer IBM-

*Nicht immer ist Alkohol bei einem Geschäftsessen erwünscht. Wenn es sich jedoch um einen ausländischen Partner handelt, kann ein Glas Wein durchaus zum guten Ton gehören.*

Studie sind die Qualifikation und das fachliche Können nur zu zehn Prozent karriereentscheidend.

**Einladungen**

Bei Einladungen gilt generell: Wer zahlt, gibt den Ton an. Orientieren Sie sich also immer am Gastgeber. Setzen Sie sich erst, wenn er Sie dazu auffordert. Wenn er zum Besteck greift, können auch Sie mit dem Essen beginnen.

*Wenn der Gastgeber eine feste Tischordnung festgelegt hat, müssen Sie sich daran halten. Ein Austauschen der Plätze ist ein echter Affront.*

Auf die Speisen- und Getränkeempfehlungen des Gastgebers sollten Sie eingehen. Wenn Ihnen ein Gericht nicht schmeckt, zumindest die Beilage des Gerichts essen. Wenn Sie nichts essen wollen oder die Speisen nicht kennen, wenigstens von allem probieren, sonst beleidigen Sie den Gastgeber. Bei Büffets lieber zweimal gehen, als die Speisen auf dem Teller anhäufen. Beim Abschied sollten Sie sich für die Einladung und den netten Abend bedanken.

Rauchen während des Essens ist ein absoluter Verstoß gegen die Etikette. Wohl kaum jemand mag während eines köstlichen Mahles mit Zigarettenqualm konfrontiert werden. Nach

*Wie man welches Gericht isst sowie viele Informationen rund ums Essen finden Sie im »Essknigge« von A. Cavelius und A. Brudereck.*

dem Aperitif und bis zum Digestif gilt deshalb generell Rauchverbot! Auch zwischen den Gängen eines Menüs ist das Rauchen tabu. Auf die Zigarette »danach« freuen sich Raucher jedoch ganz besonders – da ist es auch wieder erlaubt, sofern die Gesellschaft nichts dagegen hat.

**Wie isst man was?**

Manche Speisen sind nicht ganz einfach zu essen. Aber keine Panik: Wenn Sie bei einem Gericht gar nicht Bescheid wissen, schauen Sie sich unauffällig am Tisch um und beobachten Sie, wie die anderen Gäste es machen. Es ist übrigens keine Schande, den Kellner um Rat zu fragen oder zu bitten, etwa einen Fisch zu filetieren. Grundsätzlich gilt: Alles (auch Geflügel) wird mit Besteck gegessen. Nur bei Wachtelbeinchen, Garnelen, Hummer, Austern und Artischockenblättern darf man die Finger zu Hilfe nehmen.

**Serviette, Besteck & Co.**

Die Serviette ist für die »kleine Reinigung« während des Essens gedacht, also zum Abwischen der Lippen kurz

*Viele Menschen haben Scheu davor, Meeresfrüchte in der Öffentlichkeit zu essen. Mit etwas Übung ist es aber gar nicht schwer.*

vor dem Trinken, um Fettränder am Glas zu vermeiden. Im Restaurant legen Sie die entfaltete Serviette auf den Schoß, wenn man Ihnen die Speisekarte reicht. Im privaten Kreis warten Sie damit, bis der Gastgeber seine Serviette entfaltet. Nach der Mahlzeit wird die Serviette entgegen ihrem Originalkniff gefaltet und links neben den Teller gelegt. Damit zeigen Sie an, dass Sie mit dem Essen fertig sind.
Papierservietten werden nach dem Essen nicht zusammengeknüllt auf den Teller gelegt. Zum einen sieht das sehr unappetitlich aus, zum anderen arbeitet man dem Küchenpersonal entgegen, denn Müll muss heute getrennt werden.

**Tipp**

*Nur beim Krebsessen darf die Serviette um den Hals gebunden werden. Sonst gehört sie auf den Schoß!*

# KLEINER JOB-KNIGGE

*Gutes Benehmen am Arbeitsplatz ist wichtig – unter Umständen für Ihre Karriere oder sogar Ihr weiteres Verbleiben in einer Firma.*

**Vorstellungsgespräch**

Beim Vorstellungsgespräch unterziehen Sie sich einer ersten Probe. Dabei ist der persönliche Eindruck wichtig, den Sie hinterlassen, denn Sie werden vom Personalchef und Ihren künftigen Vorgesetzten begutachtet. Jetzt kommt es darauf an, wie Sie auftreten, wie viel Selbstbewusstsein Sie ausstrahlen und wie Sie sich und Ihre Arbeit »verkaufen«. Erkundigen Sie sich im Vorfeld über den potenziellen Arbeitgeber. Wer informiert ist, sammelt beim Vorstellungsgespräch Pluspunkte. Natürlich ist für den äußeren Eindruck auch Ihr Outfit von entscheidender Wichtigkeit. Sind Sie ordentlich gekleidet, wird man Sie nicht für schlampig oder nachlässig halten. Generell gilt, dass man

**Tipp**
*Kleiden Sie sich beim Vorstellungsgespräch klassisch, aber nicht zu elegant.*

sich mit der Kleidung an die angestrebte Stelle anpasst. Wenn Sie sich um eine Stelle als Bankkaufmann bewerben, sollten Sie also nicht in Hawaiihemd und Shorts, sondern im dunklen Anzug erscheinen. Ein unauffälliges, geschmackvolles Outfit ist prinzipiell nie verkehrt.

**Probezeit**

Am Anfang sollten Sie sich zunächst defensiv verhalten, um nicht Konkurrenzängste und Eifersüchteleien zu wecken. Private Gespräche sollten Sie in den ersten Wochen nicht von sich aus anfangen. Beobachten Sie, wer auf Sie in welcher Weise

*Passen Sie sich in der Probezeit Ihren Kollegen ein wenig an, und scheuen Sie sich nicht, Fragen zu stellen.*

zukommt. Fachliche Fragen stellen Sie in höflichem Ton. Prangern Sie keine vermeintlichen Missstände in den ersten Wochen an, Sie können sich dabei sehr blamieren. Auch wenn Sie mehr und manches besser wissen, protzen Sie nicht mit Ihren Kenntnissen. Übrigens: Urlaubsgesuche in den ersten Wochen machen einen sehr schlechten Eindruck.

**Konferenzen und Sitzungen**

Wenn Sie nicht gerade einen Beruf ausüben, in dem Seminare und Konferenzen zum Alltag gehören, wird solch eine offizielle Besprechung zwischen Vorgesetzten und Mitarbeitern

*Vorsicht bei Romanzen am Arbeitsplatz! Man kann sich nach der Trennung nur schwer aus dem Weg gehen.*

für Sie nicht der Normalfall sein. Vor allem dann nicht, wenn Firmenfremde an dieser Tagung teilnehmen. So benehmen Sie sich perfekt:

- Im Büro arbeiten Sie vielleicht ohne Jackett. Für die Konferenz ziehen Sie es jedoch wieder an.
- Werfen Sie einen schnellen Blick in den Spiegel, und überprüfen Sie Ihre Kleidung: Sie sollten trotz aller Arbeitshektik gepflegt aussehen.
- Auch wenn in Ihrem Büro Rauchen erlaubt ist – im Konferenzzimmer muss das nicht unbedingt der Fall sein. Gerade bei längeren Besprechungen heißt es: Rücksicht nehmen! Verständnis für Raucher zeigen Sie, wenn Sie Zigarettenpausen einlegen.
- Spielen Sie bei den Gesprächen nicht über Gebühr den großen Macher. Probleme müssen gemeinsam gelöst werden – ständiges Diskutieren bringt die Runde nicht unbedingt weiter.
- An Konferenzen nehmen meist höher gestellte Mitarbeiter, oft auch Betriebsfremde teil. Der lockere Umgangston, den Sie in Ihrem eigenen Büro pflegen, ist hier nicht unbedingt angebracht.

*Bereiten Sie sich auf Konferenzen vor. Wer seine »Hausaufgaben« nicht gemacht hat, gilt nicht nur als unhöflich, sondern eventuell sogar als unfähig.*

**Impressum**

Der Südwest Verlag ist ein Unternehmen der Econ Ullstein List Verlag GmbH & Co. KG, München



Redaktion
Christopher Hammond, Sylvia Wohofsky

Projektleitung
Sylvia Wohofsky

Redaktionsleitung
Nina Andres

Bildredaktion
Gabriele Feld

Umschlag
Manuela Hutschenreiter

Layout & DTP/Satz
Veronika Moga

Produktion
Manfred Metzger (Leitung), Annette Aatz

Printed in Germany
Gedruckt auf chlor- und säurearmem Papier

ISBN 3-517-06634-6

**Die Autorin**

Bettina Hansen arbeitet seit 1989 als freie Redakteurin, Grafikerin und Autorin für renommierte Buch- und Zeitschriftenverlage. Die Modegrafikerin schreibt Bücher für Kinder wie für Erwachsene.

**Bildnachweis**

Alle Bilder stammen vom Südwest-Verlag (Michael Holz), München, außer:
AKG, Berlin: 9; Gettyone, München: 67 (Brian Bailey); Image Bank, München: 100 (D. de Lossy), 104 (R. Lockyer); Picture Press, Hamburg: 98 (Bokelberg); Südwest Verlag, München: 47 (S. Berthold); Zefa, Düsseldorf: 63 (Fey), 89 (S. Rhea), 106 (Benelux), 111 (G. Baden), 112 (K + H. Benser)

**Illustrationen**

Marlene Gemke, München

**Hinweis**

Das vorliegende Buch ist sorgfältig erarbeitet worden. Dennoch erfolgen alle Angaben ohne Gewähr. Weder Autorin noch Verlag können für eventuelle Fehler oder Schäden, die aus den im Buch gegebenen praktischen Hinweisen resultieren, eine Haftung übernehmen.

**Bezugsadressen**

Die abgebildeten Krawatten (mit Ausnahme der Tom-Swopper-Krawatten auf Seite 11) stammen von der Firma LaCravate.

LaCravate – Der Krawattenshop im Internet. Online auswählen, ausprobieren und bestellen bei www.LaCravate.de

Tom-Swopper-Krawatten können Sie bestellen bei:
Tom Swopper® Krawatten
c/o DESiGN impuls Ophardt
Auf dem Bock 1, 47669 Wachtendonk

## Register


**A**ccessoire 7, 76, 78, 81, 89
Affront 107
Anrufbeantworter 105
Anzug 5f., 75ff. 80ff., 85ff., 91, 111
Armbanduhr 85, 97
Ärmellänge 87f.
Ascot-Krawatte 48, 60
Ascot Tie 60–63, 89, 93
Aufschläge 88

**B**ankett 78
Bart 74, 83
Beerdigung 85
Begrüßung 100, 102f.
Benehmen, gutes 74, 98, 110
Besprechung 112
Besteck 107f.
black tie 78
Blazer 89
Blickkontakt 100, 103
Boots 94
Brogue 95
Büfett 107
Bundfalten 88
Businessanzug 88, 91
Button-down-Kragen 91

**C**asual Friday 4f.
Christensen 44
Cravate 9, 60
cravate blanche 79
cravate noir 78
Cutaway/Cut 48, 51, 60, 76f., 79, 86, 91

**D**inner-Jacket 77f.
Doppelter Windsor-Knoten 28, 32–35, 91, 93
Dresscode 4, 72, 76

**E**infache Schleife 52–55, 91
Einfacher Windsor-Knoten 28–31, 36, 91, 93
Einladung 77f., 107
Einreiher 86f.
Empfang 48, 78f.

**F**alscher Krawatten-knoten 64–67
Festball 78
Fingernägel 74
Flanell 90
Flecken 16
Fliege 16, 56, 79, 83
focale 8
Frack 56, 77, 79, 81
Free American 40–43, 93
Freizeit 43, 64, 72, 89, 93f.
Frisur 74, 83

**G**artenparty 78
Gastgeber 85, 107, 109
Gehrock 76f.
Gerichtstermin 84
Geschäftsessen 104, 106
Gruß 100, 102
Gürtel 83, 88, 96
Gürtelschließe 15

**H**aifischkragen 20, 28, 32, 80, 91
Halstuch 8, 10, 64, 66
Handkuss 103
Handschlag 102f.
Handschuhe 79
Hawaiihemd 111
Hemd 16, 32, 68, 79ff., 85, 87, 89ff.
Herrenpumps 81
Hochzeit 48, 76f. 79
Höflichkeit 84
Hose 83f., 86, 88, 90

**J**acke 86
Jackett 113
Jogginganzug 82

**K**entkragen 91
Kirchenbesuch 84
Kläppchenkragen 80f., 91
Klassische Schleife 56, 91
Klassischer American 36–39, 91
Kleiderordnung 5, 76
Kleidungsvermerk 78
Kniestrümpfe 96
Knöpfe 86, 89f.
Kombination 82, 84, 89, 91
Kompakter Four-in-hand 24–27, 91, 93
Konferenz 112f.
Körperschmuck 97
Kragen 9f., 14, 16, 20, 23f., 28, 31, 35f., 39, 43f., 47, 63, 67, 87, 90f.

Krawatte 4–68, 75, 79, 81f. 84f., 91, 93
- ablegen 17
- aufbewahren 17
- pflegen 16
- reinigen 16f.
Krawattenetui 17
Krawattenklammer 97
Krawattenknoten 18–67
Krawattennadel 51, 78, 97
Krawattenschal 60f., 67
Kreuzknoten 44–47, 91
Kurzarmhemd 90

Lackschuhe 81
Langbinder 10
Lederkrawatte 83
Leinenschuhe 94
Lidokragen 93
Loafer 94, 95

Mailbox 105
Manschette 90
Manschettenknöpfe 76, 78, 85
Morning Coat, siehe Cutaway
Mundgeruch 75
Muscleshirt 84

Ohrstecker 97
Oper 81
Operette 81
Opernball 79
Orden 79
Oxford 81, 94

Parfüm 75
Party 104
Partyanzug 76
Perlmuttknöpfe 91
Plastron 48, 60, 76, 80, 91
Plastronknoten 48–51
Pratt-Knoten 36
Prince-Albert-Knoten 24
Probebindung 15
Probezeit 111

Querbinder 10, 16, 56

Radlerhosen 82
Rauchen 107f., 113
Restaurant 39, 77, 100, 109
Revers 87

Sakko 89f.
Sandalen 83
Schal 8, 48, 64, 66, 68, 70f., 78
Schalschlinge 68, 70
Schärpen 79
Schlanker Four-in-hand 20–23, 93
Schleife 51f., 55f., 59, 78
Schmuck 75, 85, 88, 97
Schuhe 81ff., 88, 93ff.
Schuhpflege 95
Schulterpasse 93
Seidenkrawatte 44
Seidentuch 78
Serviette 108f.
Shelby-Knoten 36
Shorts 82, 111
Slipper 83, 94f.
Smalltalk 104
Smoking 56, 77f., 81, 86f.
Smokinghemd 80
Socken 82f., 96
Spencer-Kombination 76
Staatsempfang 79
Stil 15, 75, 84
Stresemann 77, 79
Strickkrawatte 44, 83
Strümpfe 82, 85, 96

Tabkragen 27, 93
Tasselloafer 95
Telefonieren 105
Theater 80f.
Tischordnung 107
Tischsitten 106
tuxedo 78
Tweedsakko 89f.
Typberater 75

Uniform 86
Urlaubsgesuch 112

Viereckstuch 48, 60, 64
Vorstellungsgespräch 82, 110

Webschlaufe 68, 70f.
Weste 79, 86
white tie 79
Windsor-Knoten 20, 28–36, 40, 91, 93
Wing Tip 95

Zweireiher 86f.